REGENERATIV

PÅ SPORET AF DET UUDSLETTELIGE, BIND 3

En praktisk metodebog

Kim Gørtz

FSC
www.fsc.org
MIX
Papir fra
ansvarlige kilder
Paper from
responsible sources
FSC® C105338

REGENERATIV

PÅ SPORET AF DET UUDSLETTELIGE, BIND 3

EN PRAKTISK METODEBOG

2025

SAGARO REC & PUB

ISBN: 978-87-7170-030-5

Forlag: BoD · Books on Demand,

Strandvejen 100, 2900 Hellerup, bod@bod.dk

Tryk: Libri Plureos GmbH,

Friedensallee 273, 22763 Hamborg, Tyskland

Forord

Skiagraphein: **At male med skygger**

På samme måde ængstes jeg for svømmeturen, som jeg mindes,

tværs over dette vidstrakte vældige ordhav.

Platon (Parmenides, s. 164, 2010)

Det mørkeste kapitel; en tom munter rejse – og opslugende hvirvel

Hvordan kunne det ske, at degenerere som et "foreningsmenneske", *som et blad i tidens hvirvelvind*, i "tåbernes paradis", i *de*naturaliseringens fordrivelse og dumhedens praleri, med en "totalt manglende evne til at se noget fra andres synsvinkel", i hele komikkens kliché, i den "tomme snak", som en mekanisme i selvbedragets praksis, med en "aura af systematisk løgnagtighed", og med alle de mange *selvopfundne standardfraser*, mistedes værdigheden i opstemthedernes ubestridelige latterlighed, og med alle klovneriets opløftende floskler samt de uhyrligt mange trøstende selvmodsigelser, her led ødelæggelsesmaskinen i sit skalkeskjul, beruset af sin egen magt, af samvittighedskvalerne og loyalitetskriserne; at have ødelagt en kultur, uden at turde tænke eller have intentioner om at gøre oprør, helt politisk bankerot, i rådvild passivitet, i knugende angst, i udryddelsesteknikkernes beundringsværdige mod og moralske indignation, i den ufuldendte beskedenhedsfordærvelses kollaps, som en "indre emigration", som de "frysende udstødte" vittigheders røverhistorier, hvor vi angrede i en omtåget anelse og med en meget beskeden begavelse, hvorfor skete det?

I en skandaløs bagvaskelse i en hensmuldrende vaklen og blind fristelse, i en rutine af skånselsløs eftergivenhed i det evindelige postyr og i "ikke at ville se virkeligheden i øjnene", i *ligegyldighedens hypnotiske kræfter midt i et hav af ødelæggelse*; med lynets hast fritaget i flugtvejenes umiskendelige helvede, med udøste hjerter i et "folkeløst rum", uden immunitet, uden "malet billede", i en flydende menneskemasse med sultbetinget apati, på sammenbruddets rand, hjælpeløs og forladt, i de sjældne øjeblikke uden at væve, i en dramatisk tilflugt i en undergrundsbevægelse med poesiens transformerende sjælsrenhed og ærlighedens pludselige "eksplosion af lys midt i et uigennemtrængeligt, endeløst mørke", aftegnede en enkelt klar tanke sig", i den knusende mangel, hvor modstandere forsvandt i tavs anonymitet, i hulhed og svaghed, i "glemslens huller, med alle de febrilske forsøg, i utålmodig venten, i opspind, i indre fred, i sindsro, i langtrukken tale, i indignation, i henrettelsesrummets retfærdighed, med tilbagevirkende kraft, i den famlende fredstid fordampede hævnens territorium; som dobbelt udsigtsløs i en "sund forstyrrelse", i en kollektiv skyld og i meningsmanipulationernes tankeløshed, i nedslagtningens nødvendighed.

Det pæne selskab vejledte samvittigheden mod tilgivelsens tabu, mod personlig isolation, marginalisering og næsten-glemsel, mod en hjerteløs mosaik, med forhånelsens bremseklods og det totalitære menneskes selvbevægende apparat, mistedes den selvstændige tænkeevne og dømmekraft, mistedes den tyranniske råhed og fanatiske idealisme.

Men der er denne sære pludselighed,

'øjeblikket',

et ikke-sted anbragt mellem bevægelsen og stilstanden,

som ingen tid tager.

Og dér finder forandringen sted,

ind i den og ud af den,

fra bevægelse til stilstand og fra stilstand til bevægelse.

Platon

(Parmenides, s. 188, 2010)

Indholdsfortegnelse

Introduktion: Ondskab & sensibilitet

Vulgærsociologi; et fortrøstningsfuldt søndagsarrangement

Et værenstab og transcendensforræderi, at skænke glemslen, og stå i det fri, at blive overbevist om at man kan gøre sig til mål for sig selv – i filosofiens øjeblik, hvor den filosofiske tanke træder i karakter, hvor mennesket selv kan gøre sig fuldkomment, i værdighed og harmonisk balance, med sjælens godhed, med indsigt i det menneskeligt mulige, hvor filosofien vender sig/os mod det menneskelige.

"En mening bliver først til en sandhed, når den gør mennesket sandt, dvs. fører det frem til det gode." (Safranski, s. 33, 1999/1997)

Med en sjælelæges synskhed udvikles mennesket gennem refleksion, handlen og samtale – i en selverkendelse, hvor menneskets *logos* bistår dets *fysis*, i retning af 'det gode liv' – i 'det kontemplative liv' (*bios theoreticos*) – i den højeste form for liv; at frelse sig selv gennem filosofien, at koncentrere sig om sig selv – i det afgørende øjeblik – *punctum temporis*.

I et grænseløst liv, med en styrkelse af menneskets længsel; og at falde fra – 'mennesket vil ikke hvad det kan: det kan ikke hvad det vil'. (Safranski, s. 47, Ibid.)

I livsangst, som et excentrisk væsen, i forræderiet mod ånden, i et *metaphysikum*, med udvidet bevidsthed i det sande liv, med den menneskelige værdighed, i den åbne tid, i åbenbaringsoplevelser, med epifanier og åndelige målsætninger – hele *philosophia perennis* – hvor vi lever og ånder i erkendelsens medium; hvor vi erfarer et dybere tilhørsforhold, hvor erkendelsen er et lys midt i det grænseløse oprindelige mørke; i kontemplationen.

Hiatus; at måtte tage stilling til sig selv, at drukne i spørgsmålenes malstrøm, i uroens hjerte, i det urolige centrum, som et dobbeltvæsen, med en bundløs inderlighed og i en afgrunds livskraft, med den kreative spontanitet, med et verdenstab, i askesens værdighed.

At vende sig om; en flugtvej, i panik, frigjort på den vertikale sjælerejse, i erkendelsens fødsel, i viljen til forskel – at se frit op, og blive venlig over for det erkendte, i et indre oprør, der splitter sjælen, river sig løs, i fredszonen.

Åbne sår i forløsningens tryllebinding; i ødelæggelsens ar

Forråelsens hvælvinger i afgørelsernes øjeblikke, i afspændingernes rum, der er ingen åndehuller i 'de rette øjeblikke'; at "bevare sin egen måde at leve på", at beskytte "dét, der er ens eget", i det territoriale bedrageri, uden anstrengelse, at føle sympati, og falde til ro i sin væren, i en ny, forsonende bevidsthed – at gå ind i sig selv – ind i 'hjertets tale'.

At være i fred, i de sande følelsers øjeblikke, på et tilflugtssted, at forene sig med den 'store væren', at være til, og kalde sig lykkelig, uden rester af refleksiv bevidsthed, i den sande følelses øjeblik, i den fuldkomne lykke, i den totale jegforglemmelse, at finde sin lykke her og nu; i kærligheden – at lade væren vokse.

Et sønderrivende monstrum, en kritisk parasit; en civil religion af politisk virkelighed, i et symbiotisk panorama, hvis indre befrielse og kræfters væsen behersker gennem indsigt i nødvendigheden, som en radikal rationalisme, som en følelse af smerte, heler den de sår, som den selv er – hvor 'den økonomiske væren bestemmer bevidstheden' (Marx).

Som forstandige djævle i frihedens mysterium, tvunget af samvittigheden, udgør isolationens bæst en forførelse og en magtdemonstration, hvis afskyelige tilbøjelighed til fuldstændig tilintetgørelse, som i en seksuel rus, som i et saligt øjeblik, kaster en sugende tomhed ud på det åbne hav, ned i det sorte hul; som i et indre krat, knust i invasion, i ensomhed, helt hul inde i kernen, hvor 'vildnisset hvisker': "På vildspor".

Meningsløst, uigenkaldeligt fortabt i betydningens intet, i uendelighedens tavse ansigt, som 'en tegning i sandet', i det nøgne chok mistes verdens værdighed; som svæver elegant og himmelsk i resonansrummets fortryllende spejlkabinet, i en 'tøven foran fødslen', hvor livet står til disposition, i denne venten, i denne usårlighed, i denne sugende tomhed, i de ekstatiske øjeblikke, i den kosmiske virkelighed, i den mineralske længsel.

I vildskuddenes vildfarne skygger, slugt af rummets rædsel, umådeligt tier 'den økologiske krænkelse'; knækker naturens koder, drikker havet op, i en fejring af livets samlede husholdning, som livskraft, som herre over sig selv, som magtbegær og kosmisk patos vildleder løgnen de ukrænkelige begrebs-hallucinationer, som sjælenes himmelflugt og 'vandrepokaler' – i 'verdenskatastrofernes øjeblikke' – i glemslernes søvn.

En filosofisk skik og refleks; i trylleriets trøst

Naturimitation og vitalisme, en sensibilitetens fysiologi og sundhed, en sanselig grebethed og selvgenererende følsomhed; som et ædelt hjerte, som en dydig generøsitet, som en humanitet og etisk disposition – som en føleevne.

En erkendelsesbefordrende diæt, hvor kroppens liv, i lystvandringernes åbenhed og ustabile grænser, udgør mentale bevægelser, som filosofiske tanker om livet og jorden, og som en indre sentimentalitet i det sansende menneske.

Med sympatisk hengivenhed og indlevelse, med moralsk og emotionel forfinelse aflæses og forføres naturens fortrolighed, som i en samhørig livssfære, med 'umærkelige små skridt', erfares de helbredende kræfter.

Livets singularitet, der, som et turbulent materie-ocean, betyder noget i glemslens mørke, som de pirrelige partikler, som de vilde tekster, som et sammenhængende hele af vitale forbindelser; hvor gnidningerne vibrerer i en livgivende anspændthed, hvor den æstetiske oplevelse bliver erotisk og atmosfærens intimitet bliver en levende kraft i en aura af latent og udfoldet liv, iboende materien, iboende 'energi', i livets tilblivelse, i receptivitet, i skabelseskraft.

I følsomme nervetrådes resonans og efter-vibrationer registreres nervesystemets melodi og sympati; som en sansende membran, som en respektfuld lytter, med en sensitiv fornemmelse, og med en vis spænding i sansespidsernes rejsninger, i den svimlende overvældelse, i berøringens *sensorium*, i en afslappelse, i en aura af overskridelse.

Lukker øjnene, og det profetisk-poetiske *syn*, erfarer en livs(im)puls, der gennemstrømmer materien; og tankefriheden myldrer i forbindelseslinjernes prisme.

Den foragtelige klapren; om at udvalse ekkoet

Naturens skønhed; at danne helheder, som på en vandretur, med antydningens passioner, med en indbildningskraft i sammenvævningernes sfærer, med den sensible krops mobilitet – som et bevægelsespotentiale i et sammenhængende rum.

Som en slags matrice, sympatisk sammenknyttet i et immanent skema, vækkes spontant en rebusagtig tryllebindende empati; en grebethed, en 'poetisk metode', i 'den gavmilde kilde', træder ind i det ukendte, som den vandrende krop, genskabt som den vandrende sensibilitet, forvandles en følsom tekstur til en skabende *seen*.

Restituerer pantomimisk som en stigende naturfølsomhed, som en nostalgisk dyrkelse af det 'vilde & uberørte', som en teatralsk og kulturel udpost; harmonisk 'drømmeri & frydefuld tilstand', ubrydelig forening og afslappet velvære – at mærke sig selv som helhed – sanser og sanses.

Som en magisk autoerotisk og sammenvævende helhed genskabes jordelivets *sensus communis*, med følsomme pirringer, som en tynd fernis begyndes der forfra; 'vasker tavlen ren', bliver bragt tilbage til den skønne og sublime oplevelse af det anelsesfulde, som en befriende måde at være til på – som en frisættende kraft.

Oceanisk overvældet af noget *andet*, af "en åben verden i tilblivelse", i den strømmende *metamorfiserende* materie, restitueres i/af 'det naturlige', genoplever intens affinitet, 'poetisk ånd' – og betydningsdannelse; sjælen rørt, i samklang med sprogets genforankring, her fødes en indre strenge-krop i en form for fortryllelse – kører genoplivet på frihjul.

"Filosofferne bør reetablere forbindelsen mellem lyden, affekten og forestillingsbilledet, det vil sige, de skal bevæge sig tilbage til barndommens sprogbrug, lede efter de erindringsbilleder, som oprindeligt var knyttet til ordene.

Den gode filosof, ham, der genopliver barnet i sig, forholder sig således bevidst til tegnene."

(Diderot, i A. Fastrup, s. 168, 2007)

Del 1: Hjertetolerance – en bagtrappepoesi

Det udvendiges faktiske facade; et insisterende øje

Alt på kloden er forbundet; et holistisk verdenssyn med en dyb økologisk bevidsthed, en "radikal omlægning af vores sansninger, tænkning og værdier" – et paradigmeskift, *en dybtgående ny opfattelse af livet selv*:

"... et bæredygtigt samfund må være udformet på en sådan måde, at dets livsformer, forretningsmodeller, økonomi, fysiske strukturer og teknologier ikke interfererer med naturens iboende livsopretholdende egenskaber." (Liv. System. Helhed, s. 19, 2019)

Kloden som helhed er et levende, selvregulerende system, "en samarbejdende dans", en ny form for tænkning, en enhedsvision med filosofiske implikationer; livets netværk, alting i universet er levende.

'Naturfilosofi', Platon, Aristoteles, m.fl., livets ånde, verdenssjælen; 'en stor harmonisk helhed' (Gaia-teori), forbundethed, en 'organisk form', emergens, dyb økologi (Næss), *at stille dybe spørgsmål*, værdiforandringer.

Et nyt værdisystem, "et radikalt nyt etisk system", livsbekræftende øko-etiske normer, livsbevarende psykologiske forbindelser, livsnettet, livsvidenskab; *at nære omsorg for hele den levende natur* – livet i centrum.

Genkend *organisationsmønstre* – og nedskriv i stikord:

____

____

____

____

____

____

Den æstetiske brydning og autonomi; sentimentale kuldegysninger

Det holistiske perspektiv, "levende organismer som integrerede helheder"; *at forstå livsfænomenet fuldt ud*, som 'selvorganisering', som 'at placere sammen', hvor "en fælles egenskab ved alt liv er tendensen til at danne flerniveaustrukturer."

Levende netværk og 'organiseret kompleksitet' med 'emergente egenskaber'; "en ny tænkemåde – en tænkning i forbundethed, relationer, mønstre og kontekst" – i helhedens organisation, som i 'jordens husholdning' – med en omfattende 'geologisk kraft'.

Livets net som levende systemer – med strømme og knudepunkter; ét organ i kredsløb med vækst og forfald, regeneration og udvikling, med dannelse og regulering, en sammenhængende organisatorisk dynamik – i spændingerne mellem kriser og transformationer.

Selvstyrende mønstre med negativ og positiv feedback, i cirkulære processer, i et sammenhængende enhedsmønster, hvor: "Eksponentiel ('løbsk') vækst kun vil forekomme, når økosystemet er alvorligt forstyrret." (Ibid., s. 133)

Nervesystemet og 'sindets logik', energimæssigt åbne kredsløb med neuroner, som en selvorganiserende evne; hjernen som et neuralt netværk, med cyklussernes nødvendige variationer, som er indbyrdes forbundne og gensidigt afhængige.

Topologiske transformationer og uendeligt tætte fletværk, ordnede mønstre i kaotiske systemer, hvor systemet aldrig gentager sig selv; 'katastrofer' – hvor "helhedens form svarer til sig selv på alle niveauer", i fraktale dimensioner.

Forståelse af mønstre er afgørende for forståelsen af det levende.

Nedskriv i noter *forståelsen* heraf:

____

____

____

____

Musikken som forsvarsmekanisme; mod en truende paranoia

Liv er selv-skabelse, med sfærisk dynamik, der regenererer de forbrugte komponenter; en 'selv-regenerationsmekanisme', en global fabrikerende og emergent egenskab, der skaber sig selv indefra – "et reaktionsnetværk, som konstant regenererer … under betingelsen 'af egen tilvirkning'". (ibid. S. 183-184)

En biologisk autonomi med en cyklisk logik, der regenererer – som en 'strukturel strøm'; som "selvgenererende processer, der finder sted inden for grænser, som det selv har skabt" (ibid., s. 189), hvor essensen af livet er integration, og hvor døden som fragmentation er en afbrydelse af sammenkoblingerne.

Sam-emergens, hvor livet er synergien, et produkt af immanens, som spontant selvgenererende krystalliseringer, som molekylære sfærer med foldningsprocedurer og autokatalytiske feedbackkredsløb, med passager af levende kolonier og udspredelse; "øer af orden i et hav af uorden" (Prigogine).

"I dag er ordenens spontane emergens på kritiske punkter af ustabilitet et af de vigtigste begreber i den nye forståelse af livet. Emergens er et af livets kendetegn. Det er anerkendt som det dynamiske ophav til udvikling, læring og evolution. Med andre ord er kreativitet – skabelse af nye former – en nøgleegenskab ved alle levende systemer … livet rækker konstant ud mod det ukendte." (Ibid., s. 216)

Kritiske ustabilitetspunkter, 'flokintelligens' og kloden som helhed, hvor *livet selv skaber betingelserne for sin egen eksistens* – "når selv-organiseringen er i stand til at regenerere alle sine egne komponenter indefra (dette er den nødvendige betingelse for livet selv)" (ibid., s. 222) – livets kemi med en 'økonomisk strategi i naturen'.

Spiralformede vækstmønstre i/som livets matematik, med gyldne snit og vinkler som det regenerative princip, 'gyldne spiraler' og 'hvirvlende kvadrater'; geometriske progressioner i spændstighed – "menneskets nye dialog med naturen" (Prigogine & Stenger) – 'ustabilitetens filosofi'.

Blomstring; "… et 'jeg' er en emergent egenskab, der opstår som følge af simultan tilstedeværelse af og resonans mellem følelser, minder og tanker…" (Ibid., s. 241) – *et organiseret mønster uden centrum – et forbigående, ikkelokaliserbart, relationelt formet selv.*

Det levendes konstante form, biodiversitet og slægtskabsnetværk; livets essentielle bioteknologier – *symbiogenese* – trans-generationelle – symbiotisk livsførelse, gensidig hjælp, tilfældigt omstrejfende, uventede hændelser, *det behøvede ikke være sket* – svangert med liv.

"Sindet er essensen af det at være levende"; enheden mellem sind, liv og naturen, mental selvskabelse, selvbevidsthed, samvittighed – en vaklende fornemmelse af selvet i ét øjeblik – nu – og på ét sted – en refleksiv og kvalitativ selvfornemmelse.

En livskraft, en forfinelse af opmærksomheden, en meditativ praksis; oplevelsens emergens, med 'resonante celleansamlinger' – proto-selvets ensemble: "Som mennesker eksisterer vi i sproget, og vi væver konstant på det sproglige net, vi er indlejret i." (Maturana, ibid., s. 356)

En eksistentiel krise for menneskeheden, med aggression og magtbegær, i en rovgrisk kapitalisme – at blive et bedre menneske, med respekt for vore medmennesker – med forstærket livsfølelse; med "… en dyb fornemmelse af enhed med alting, en fornemmelse af at høre sammen med universet som helhed." (Ibid., s. 364)

Intenst liv; hvor tæt vi er forbundet med hele livets væv – den dybe fornemmelse af samhørighed, ærefrygt og forundring, stor ydmyghed – menneskelig værdighed og økologisk bæredygtighed, kontemplativ praksis, naturhealing – tomhed (*sunyata*), visdom (*bodhi*), intuitiv intelligens (*prajna*) og medfølelse (*karuna*).

"Når spiritualiteten forstås som indre vækst, forbundet med oplevelsen af en dyb fornemmelse af forbundethed eller samhørighed med universet som helhed, kombineret med en stærk ærefrygt og forundring og med respekt for en humanitær og økologisk etik." (Ibid., s. 370)

"Hvis universet i virkeligheden er fuldstændig sømløst, uden grænser og kant, vil det hverken have begyndelse eller slutning. Det vil simpelthen være." (Ibid., s. 373)

Livets symfoni, oplevelsen af at høre til – en 'økologisk forståelse'; morgendagens verdensledere – en dybtgående forvandling i de social-fysiske livskræfter, en 'transformativ kapacitet' – med mening i den kulturelle levemåde – med værdierne i den mentale provins.

At forstå livet vil sige at forstå dets iboende forandringsprocesser; som selvgenererende praksisfællesskaber, som en organisations grad af 'livagtighed' – med meningsfulde forstyrrelser – og livligheden i den udløsende begivenhed:

"I det lange løb vil organisationer, der for alvor er levende, først kunne blomstre, når vi ændrer vores økonomiske system, så det bliver livsforstærkende i stedet for livsnedbrydende." (Ibid., s. 418)

Sundhed og heling af hele mennesket, som en 'integrativ medicin', med en procestænkning i et fleksibelt, fluktuerende mønster, i en helbredelse af ubalance og disharmoni, uden stress som flugtvej og nødudgang; hermed en større 'genoprettelsesindsats', med en 'holistisk sundhedspleje'.

"At være til stede" (therapeuein); terapeuten som oppasser og assistent for de naturlige helende kræfter.

Nedskriv i noter dine kommentarer til dette at være livets *therapeuein*:

____

____

____

____

Kastreret hedonisme; livsnervens kryptogram

Proto-økologiske kredsløb, der konstant skaber sig selv inden for de grænser, som de selv frembringer; en evolutionær mosaik, der modulerer den biosfære, vi lever i – levemønstrenes bæredygtighed, naturens visdom fremhæver samarbejde, bevaring og partnerskab – den dybsindige lære.

Fleksibilitet og diversitet; tolerancetærskler – en gammel visdom: ”Hvor skolen til bæredygtighed sigter på at skabe oplevelser, der fører til grundlæggelse af en emotionel relation til den naturlige verden.” (Ibid., s. 464) – *Griber dem om hjertet*!

En perceptionskrise, en radikal omvendelse, et begrebskort, en ny økonomi, en etisk dimension, med kvalitativ vækst, som beriger livet: ”Lad os definere vækst som det, der beriger livet – som skabelse og regeneration – og erklære, at det, vores klode har mest brug for, er mere af den.” (Ibid., s. 477) – *Den indre vækst gennem læring og modning*!

Når livet hele tiden rækker ud efter nyskabelser, kræver det et nyt dybtgående værdiskift, med en kærlig venlighed, med et etisk grundlag, som en ny bevægelse, med en ’solidaritetsøkonomi’ og et ’generativt ejerskab’; en kulturel transformation, med en ny økonomisk fortælling – med et nyt ’moralsk kompas’ og en kollaborativ magt – med fokus på;

”… hvordan vi skaber betingelser for, at livet kan blomstre, … hvor målet er at leve og have det godt sammen.” (Ibid., s. 519, 521)

At lære at ære, respektere og samarbejde med naturen; en ’naturkapital’ for ’virksomhedernes økologi’, baseret i naturens evolutionære visdom:

”Vi har den viden og de teknologier, der er nødvendige for at opbygge en bæredygtig verden til vores børn og de fremtidige generationer. Hvad vi stadig mangler, er politisk vilje og lederskab.” (Ibid., s. 582)

En meditation over håbet: *”Et frø er livets selvtilskyndelse, kilden til livet, grundlaget for vores væren, en bestøvning, hvor frøet fornyer sig selv…”. (ibid., s. 565-566)*

Denktagebuch: Vita Activa; breve fra *Menneskets vilkår*

Om at åbne verden som et rum; umenneskeliggørelse

"For den totalitære tænkning gælder det om at kontrollere og kalkulere mennesker, så deres spontanitet og uforudsigelighed som frie handlende aktører elimineres." (Arendt, s. 12, 2023/1958).

I nivelleringen af afvigelser, underkastet dagliglivets rutiner, som vi ikke kan kontrollere, hvor 'løfte' og 'tilgivelse' kan indvarsle "den nye begyndelse", gælder det om at lære at praktisere friheden mellem mennesker positivt; for sammen "at tænke over, hvad det er, vi gør".

Fremmedgjort fra verden, i tankeløse fremtrædelsesrum, søges et sanseligt fællesskab, hvor friheden praktiseres dialogisk som en politisk sam-handling, hvor vi træder frem foran hverandre i en åben mangfoldighed, og hvor "tænkningen kan være den ny begyndelse."

Jordens tåredal, det mødrene ophav og menneskets vilkår, livet selv, naturens børn – *oprøret mod alt det, som vi er blevet skænket som en gratis gave fra naturen* – og "godt på vej til for altid at miste evnen til at forstå, hvad det vil sige at tænke over ... og tale om... "

Vi udsletter alt organisk liv på jorden, vi har mistet evnen til at begribe, hvad vi gør, vi har "brug for kunstige maskiner til at ordne vores tanke og tale", som hjælpeløse slaver, åndsforladte og tanketomme væsner, færdes vi i en verden, hvor talens brug har mistet sin betydning.

Automatisering og arbejdssamfund

Mennesker kan i det omfang de lever, handler og bevæger sig i denne verden, kun erfare mening, så længe de kan tale og gøre sig selv forståelige for hinanden og for sig selv." (Arendt, s. 35, 2023/1958)

Det umistelige, flugt ud ... flugt ind... arbejdet med livet som sit grundvilkår; at leve – være blandt mennesker, hvor "livet og verden er rede til at modtage og opfostre tilstrømningen af nyankomne" – at begynde på noget nyt, initiativet – fødthedens vilkår.

”Jeg er blevet et spørgsmål for mig selv”, *at hoppe ud af sine egen skygge* og undersøge: ”hvem er vi?” Livet selv, verdsligheden, pluraliteten og Jorden – og hvad med alt det skønne? Det liv, der er beskæftiget med kropslig nydelse, det liv, der er optaget af fællesskabets anliggender, filosoffens liv – kontemplationens liv – den eneste virkeligt frie livsform?

Friheden til at ophøre med at handle, frihed fra bekymringer og besvær, frihed fra arbejde og livets nødvendighed (betydningerne her kommer fra det græske; *skholé* – som således betyder mere end bare fritid, eller ”fri tid” – jf. det danske ord; ”skole”) – som i det latinske *otium*.

Ro & u-ro (*nec-otium – a-skholia*)

”Et liv uden arbejde er ikke nogen ny opfindelse; det udgjorde engang et af de mest veletablerede privilegier for de få.” (Arendt, s. 35, 2023/1958)

Kontemplationens fryd, tænkning og overvejelse, at nedskrive tanker, at efterlade spor af tanker, at gøre sig erfaringer med det uudsigelige (*arrhétos*), helt uden ord (*aneu logou*); i ”det stående nu” (*nunc stans*) – evighedserfaringen; en slags død – ”at ophøre med at være blandt mennesker”.

Sjælens stilhed; at ophøre med at være borger i sit eget land og blive borger i universet – som stoikeren.

Lyksaligheden; det magelige liv

”... samfundets uudholdelige pervertering af menneskets hjerte og indtrængen i den inderste region i mennesket...” (Rousseau) (Arendt, s. 66, 2023/1958)

Alliancen, hjemmet, det fælles, handlingen og talen; storartede ord, der lærer én at tænke – at finde de rigtige ord på det rigtige tidspunkt, hvor ”kun den rå vold er stum”, ved socialsfærens grænser, i husholdningen, *som bølger i livsprocessens endeløse strøm.*

Hybridsfærens kompagni, ”det afskærmede liv og den nådesløse udsathed”; modet, at vove sit liv – kærligheden til livet (gr. *philopsykhia*) – det gode liv, ”et liv tilbragt hjemme hos ’én selv’” (gr. *idion*) – idioten, idiotien, helt idiotisk – det private tilflugtssted, hele intimsfærens berøvelse.

Hjertets intimitet – hjertets oprør

"Først med massesamfundet har socialsfæren nået et punkt i sin udvikling, hvor den omslutter alle samfundets medlemmer i samme omfang og kontrollerer dem med samme styrke." (Arendt, s. 68, 2023/1958)

Familiens forfald, hvor samfundets *ingenmandsstyre* udelukker handling og normaliserer medlemmerne til; "at opføre sig ordentligt og til at undertrykke muligheden for spontane handlinger og usædvanlige præstationer", hvor adfærd har erstattet handling, og hvor "social adfærd" er målestok for alle livets forhold – tænk, *at udrydde selve det menneskelige ved menneskeheden.*

Socialsfæren har udløst en unaturlig vækst i det naturlige; gennem en konstant forøgelse af arbejdsproduktiviteten, hvor ingen udfoldelse kan være fortræffelig, så længe verden ikke giver plads til den – hverken hvad angår uddannelse, begavelse eller talent – at blive set og hørt.

En skyggeagtig tilværelse, hvor smerten som grænseerfaring og virkelighedsfornemmelsens skumringsskær udgør og begrunder "det beskyttede livs mørke", hvor kærligheden dør i offentligheden, fuld af overvældende fortryllelse og omsorgsfuld ømhed – i udfoldelsesrummet, i verden som mellemrum.

"Så længe verden endnu består"

"Når det at blive set og hørt af andre har så stor betydning, skyldes det, at alle ser og hører fra forskellige positioner. Dette er den sande mening med det offentlige liv..." (Arendt, s. 83, 2023/1958)

Verdensløshedens tingsfællesskab, "slaveriets forbandelse", det offentlige rums forsvinding; de arme stakler med afvæbnende åbenhed og mirakuløs indfølingsevne, hvor den fælles verden er mødestedet for alle, hvor "vores fælles verden går i stykker" – gennem radikal isolation – i massehysteri:

"I begge tilfælde er folk blevet reduceret til privatpersoner, hvilket indebærer, at de har mistet evnen til at se og høre de andre og til selv at blive set og hørt." (Arendt, s. 84, 2023/1958)

Berøvet betydningsmangfoldighed

Ensomhed; at blive berøvet noget væsentligt i livet, som social fordampning, hvor livets skjulested og mørke baggrundsdybde åbner for "det godes problem", og det at gøre gode gerninger, hvor *kærlighed til godhed* tilskynder til at filosofere – helt ubærligt, da "den godhed, der forlader sit skjul for at spille en rolle i offentligheden … vil komme til at korrumpere sine omgivelser".

Når retorikken er kunsten at tale i offentlighed og dialektikken er kunsten at tale filosofisk, og når social-økonomien eller den kollektive husførelse udgør et handlingsvæsen kaldet "den usynlige hånd" eller en "interesseharmoni" ender arbejdet med "at vakle under en tung byrde" – som værende ensomt, overset og forladt; som den skyggeagtige smerte det er, "at sætte en ære i at leve stilfærdigt og passe sine egne sager".

Og som Aristoteles sagde det, så kan "intet menneske, der har måttet arbejde for at tjene til livets ophold, blive borger" – helt *caput* (jf. ordet *kapital* – der oprindeligt betød "en gælds hovedstol"), i mørke og sorthed – i skinhellighed – hyklerisk og helt fordækt.

At fortære intellektuel arbejdskraft

"For eftersom enhver beskæftigelse underlagt det moderne vilkår skulle bevise sin egen 'nytte' for samfundet som helhed, og da nytten af intellektuelt arbejde som følge af den moderne forherligelse af arbejde var blevet mere end tvivlsom, var det kun naturligt, at også de intellektuelle måtte ønske at blive regnet blandt den arbejdende del af befolkningen." (Arendt, s. 112, 2023/1958)

Hændernes værk, kroppens virke, at reagere i foragt for arbejdet – menneskelivets vilkår; folket er – i modsætning til kontemplationen – (u)produktiv, (u)faglært, manuel, intellektuel, som parasitære "tjenestefolk", helt og aldeles deres herrers potentielle produktivitet.

Menneskekroppens "arbejdskraft", *hvor det eneste den kan producere, er liv* – er voldelig undertrykkelse, udbytning, som et livslangt erhverv; hvor tankens erindringer og fabrikationer er "en forberedelse på at få det uhåndgribelige og futile til at materialisere sig".

Denne intellektuelle virksomhed og forstandige bedømmelse, skrivernes intellektuelle bestilling og præstation, er en beskæftigelse for slaver; i en hel levetid, vævet ind i døde bogstaver lever den ånd, hvori *menneskelivet befinder sig i en konstant tingsliggørelsesproces.*

Brødfødt; nedrakkere og falske venner

"Eftersom menneskene var underkastet livets behov, var det kun muligt for dem at blive fri ved at beherske andre, som de med magt kunne underkaste nødvendigheden." (Rousseau) (Arendt, s. 106, 2023/1958)

Det uerstattelige liv, forbundet med verden, *zôe* – naturens cykliske bevægelse, *bios* – "en slags *praxis*" i en utrættelig cyklus; "denne konsumption, der får livsprocessen til at regenerere, producerer – eller rettere reproducerer – den ny 'arbejdskraft'…".

Fortæringsprocessernes tilintetgørende synspunkter – *uden at give noget igen* – invaderer "den daglige kamp, som menneskekroppen udkæmper for at holde verden ren og undgå forfald…"; en verdenskonstituerende evne, hvor kornet aldrig helt forsvinder i brødet, som træet gør i bordet.

Holdbarhed, ingen fordærv, uhørt vækst, livets naturlige frugtbarhed, avl og overlevelse, fertilitet; "naturens stemme, der taler til os" – overskud, overflod, arbejdsglæde, velsignelse og fryd – *den eneste måde, hvorpå også mennesket kan forblive i naturens forskrevne cyklus og veltilfredst følge dens rytme.*

Arbejds*livet*; "mætte af *livet*"

"Livet er en proces, som overalt forbruger, nedbryder og eliminerer det bestandige, indtil den døde materie, der selv er resultatet af små, singulære, cykliske processer, vender tilbage til naturens altomfattende kredsløb, som hverken har begyndelse eller slutning, og hvor alle

naturtingene pulserer i én uforanderlig gentagelse hinsides døden."
(Arendt, s. 116-117, 2023/1958)

Døden kom i natten og med den – *den stille, evige hviles velkendte skikkelse* – vulgariscrct lyksaglighed, retten til liv, "søgen efter lykke"; livets kraft er frugtbarhed, hvor arbejdskraften er den menneskelige form for livskraft (Marx) – balancens mærkværdighed, parasitær.

Erhvervelsens uhæmmede jagt, hvor nydelse og smerte udstøder verden i slid og slæb, med en koncentration om sit eget liv, med en kildren og et verdenstab, hvis irritation og anstrengelse er utrættelig og svækket; i "konsumptionscentre" og pinlige "produktionscentre", i hensygnende hobbyer.

Livlighed og vitalitet; intensitet, forfinelse og følsomhed – *fremmedgjort fra selve livsprocessen* – som "stumme robotter ... talende menneskeinstrumenter"; livsarbejde, livsredskaber, livssfære – udmattelse, arbejdssamfund, leg, automatisering – at "konsumere hele verden".

Livet som et slaveri

"Massekulturens dybe problem er den universelle ulykkelighed, der på den ene side skyldes, at balancen mellem arbejde og konsumption er truet, og på den anden side animal laborans' vedholdende krav om at opnå en lykke, der kun kan opstå, når livsprocessen når en perfekt balance mellem udmattelse og regeneration, mellem smerte og befrielse fra smerte."
(Arendt, s. 148, 2023/1958)

Det fuldt ud motoriserede livs endeløse dynamik; et narreparadis i livets uudtømmelige trædemølle, hvor produktivitetsforøgelse og spildøkonomi, blændet af overflodens futilitet, gør smertens besvær og anstrengelsens tortur til en fremmede beskæftigelse i hverdagslivets dovenskab og "frie syslerier".

I et sterilt nomadeliv, i selvfremmedgørelsens vulgære nyttighed, i en bemærkelsesværdig stråleglans, begynder fordærvelsen allerede ved begærets sidste mundfuld; i den progressive udvidelse er "den fattige mand" – *uden herredømme over sig selv* – euforisk indsnusende berøringens leg.

I den rene nydelses selvhævdelse, som i en *arbejdshumanisme*, er løgnens hobby noget man frit finder på; i nøjsomhedens opfindsomhed og generøse skikkelser flygter den filosofiske erfaring mentalt ind i det rytmiske arbejdsslid – "ind i frigivelsen af menneskets tankekraft" – *ind i den 'frygtelige illusion bag al arbejdsglæde'.*

Det fabrikerende menneske

"Intet er lettere og mere naturligt at mekanisere end arbejdsprocessen, der i sig selv blot afspejler livsprocessens tilsvarende automatiske, repetitive rytme i sit stofskifte med naturen." (Arendt, s. 160, 2023/1958)

Ejendom, byttemarked, produktivitet; stabilitet og soliditet – tingsverdens livsproces og naturens kredsløb – holdbarheden, "at bevare en *en-hed*" – nedslidningsprocessens uundgåelige tilintetgørelse, at dyrke jorden og skabe et produkt, der varer længere end sin egen tilblivelse.

At forvandle ødemarken til kulturlandskab; gennem forarbejdning og tingsliggørelse standses en livsproces, som bryder med *jordens skød*, som en *voldsmand*, hvis 'arbejdsglæde' "handler om opstemtheden ved den voldelige brug af styrke" – *i sit ansigts sved* – i "den veritable kløft".

Produktionssfærens skikkelser; naturens herre, værktøj, instrumenter, redskaber, maskiner – i en rytmisk koordination, "at svinge i samme repetitive arbejdsbevægelse", at leve i maskinernes verden – i teknikken – i automatiseringens moderne teknologi.

Morgendagens teknologi

"Hvis nutidens teknologi består i at kanalisere naturkræfterne ind i menneskets tingsverden, vil fremtidens teknologi måske bestå i at kanalisere universets kræfter ind i naturen fra det kosmos, som omgiver os." (Arendt, s. 163, 2023/1958)

At blive født, at vokse ud af … at dukke op af sig selv (gr. *physis*); verden ødelægges, hvor "målet retfærdiggør den vold, der øves på naturen for at udvinde materiale", hvor en endeløs magelighed og beboelighed af egnethed og brugbarhed indstifter et anvendeligheds-, bekvemmeligheds-

og et erhvervelsesideal – hvad er produktionssamfundets mening og nyttes
nytte?

At tænke uhæmmet og ukontrolleret i mål og midler, i "common-sense-
floskler" degraderes naturen og verden til blotte aktiver og frarøves
værdighed; en forbløffende blindhed og foragt, en grænseløs
instrumentalisering med dens iboende antropocentrisme, en vulgaritet.

En veritabel metamorfose

"Hvis man gør mennesket til alle brugsgenstandes målestok, så tilhører
verden mennesket som bruger og ikke som talende, handlende eller
tænkende væsen." (Arendt, s. 171, 2023/1958)

Vindens værdi, redskabsmagerens forfængelighed, den tomme snak på
markedspladsen; den verdensløse og flokagtige beherskelse, "det sidste
mødested", i bytteværdier, med mennesket som vare, i
selvfremmedgørelsens tab af indre værd, i gennemsigtighedens glans og
intense klang.

Tænkningen som kunstens kilde, som den levende hukommelse, der
forsvinder i glemsel, som den "unyttige" tænkning, som *den skrivende*
filosof, som fortræffelighedens skikkelse i det indre billede; gennem
"passionernes slaveri" med hjernekapacitet, intelligens og elektroniske
maskiner.

"Tænkningen er som aktivitet lige så uforsonlig og repetitiv som livet selv,
og spørgsmålet om, hvorvidt tænkning overhovedet giver nogen mening, er
en lige så svær gåde at finde svar på som spørgsmålet om livets mening."
(Arendt, s. 183-184, 2023/1958)

Åndelig perpleksitet; at udfolde sit eget billede i den melankolske visdom

"Hvem nogen er, kan vi kun vide, hvis vi kender den historie, hvori
vedkommende selv er helten – hvilket med andre ord er hans biografi; alt,
hvad vi ellers måtte kende til ham, heriblandt de værker, han måtte have
skabt og efterladt sig, fortæller os kun, hvad han var." (Arendt, s. 200,
2023/1958)

Alt som findes, begærer sin egen eksistens – at blotlægge sit latente selv
(Dante); pluralitetens særegenhed og initiativet, "livet som snylter eller
slaveejer", miraklets skikkelse, "hvem er du?", som en stum vold, som en
tavshed i den lysende klarhed, i den menneskelige værdighed, i
forbistringens afslørende præg, i "mellemrummets væv", som
ophavsmandens og menneskehedens fortællebog, som at indføje sig selv i
verden; i modet til *at forlade sit eget private skjulested og vise, hvem man
er, ved at udfolde og give sig selv til kende* – i dramaet, isolationen, i at
bære begyndelsen videre.

Styrken, misundelsen, frygten, tvangen, grådigheden og magtesløsheden;
den dybe længsel efter voldens storhed – "at vove det særlige", at være
tvunget til at gennemlide passivt, i fremmedgørelsen, med geniets pine,
den forlorne arrogance og frygtelige ydmygelse, i flugten fra handling, i
"dét, der lyser klarest" i *den mørke hule*, i selvforblændelsen; "at skabe
sikre øer i et hav af usikkerhed".

Gerningsmanden; handlingens grænseløshed og den tyranniske isolation

*"Mens menneskene altid har været i stand til at ødelægge det, som var
skabt af menneskehænder, og i dag yderligere er blevet i stand til potentielt
at ødelægge det, som ikke er skabt af menneskehænder, nemlig Jorden og
den jordiske natur, har de aldrig været i stand til og vil heller aldrig blive i
stand til på pålidelig vis at kontrollere en eneste af de processer, som de
påbegynder gennem handling."* (Arendt, s. 244-245, 2023/1958)

At gøre og at lide, med/i en mangel på grænser, hvor "et enkelt ord kan
ændre alt", hvor skrøbelighedens mådehold, det flygtige øjeblik og
udfaldets uforudsigelighed samt velsignelsens velbefindende, træder frem;
når livet forsvinder – og "man overlever sin største handling".

At opsummere hele sit liv i én enkelt handling; udrettet som et fuldbragt
værk, i en organiseret erindring, hvis fremtrædelsesrum, særhed og præg
af potentialitet, afslører et magt- og handlingspotentiale, som frembringer
et yderligere levende samspil, i tilgivelsen, hvor "kun kærligheden besidder
tilgivelsens magt", hvor kærlighedens fortryllelse og løftets stabiliserende
kraft, minder om viljens erindring, om fødthedens ytring og faktum, hvor
miraklet er fødslen af nye mennesker.

Understrømme; at lade armene falde

"Med risiko for selv at bringe naturprocesserne i fare udsætter vi Jorden for kosmiske kræfter fra universet, som er fremmede for naturens husholdning." (Arendt, s. 275, 2023/1958)

En uoprettelig splittelse, en sjælefred, en sammenskrumpning; beboelsessfærens fremmedgørelse og spildøkonomi, en grusomhed – massemenneskets verdensløse mentalitet, verden i skred, i pludselige stemningsskift; den fromme henrykkelse i "mistænksomhedens skole", i den triumferende fremmedgørelse – "at befri sig fra spatialitetens lænker".

En filosofisk erfaring, hvis arbejdsslid og mentale flugt frigiver menneskets tankekraft; arbejdshumanismens "frygtelige illusion" – det utilgivelige.

Et kosmisk standpunkt; opfindsomhedens generøsitet

"Uheldigvis og i modsætning til, hvad man almindeligvis tror om elfenbenstårnets uafhængige tænkere, er ingen af menneskets evner så sårbare som tænkning, og det er faktisk langt lettere at handle i tyranni end at tænke." (Arendt, s. 336, 2023/1958)

Livets mirakel, et mareridt, et tab af vished; "at erfare virkeligheden i dét, som mennesket ikke er", utænkeligt som en omvending, som en omvæltning, som et omslag, som en resignation, som et verdenstab.

At genskabe – i det automatiske liv – det uventede; *den skælvende undren*, værensmiraklet, "den sprogløse undren", glæden og henrykkelsen ved det kontemplative blik, en dvælen, en konsekreret egoisme i livets hellighed, i håbets værdighed, med alarmerende tegn, potent og magt-genererende.

Nedskriv i stikord hvad du fik fat på – og hvad det afstedkom:

____

____

____

____

____

Tankedigte om *krisen*; et tillæg

Afskrækkelse kræver værktøj

"Det skræmmende ligger ikke i, at de er koldblodige nok til 'at tænke det utænkelige', men i, at de ikke tænker." (Arendt, s. 11, 2021/1969)

Voldens forsvindingspunkt, uforudsigelighed, dødsønske og aggressionsinstinkt; en strategisk ødelæggelse, et *mønster, i hvis ramme forudsigelsen bevæger sig* – der hypnotisk luller, som en accelerator, som en livsfilosofi, der fuldbyrder denne funktion – i *patos.*

Dem, der hører denne tikken i befrielsesbevægelsernes uegennyttighed og på tilflugtsstedernes vendepunkter, i omformningsprocesserne, hvis "funktion er at afbryde, hvad der ville være skredet frem automatisk og derfor forudsigeligt" – hvad forstår vi ved magt?

At styres af 'ingen' er klart det mest tyranniske af alle; underkastelsesinstinktets lydighed og blinde slaveøkonomi, den mest voldelige og mindst magtfulde – "den ekstreme form for magt er alle mod én, den ekstreme form for vold er én mod alle." (Arendt, s. 35, 2021/1969)

Den berusende fortryllelse

"Magt er selve den betingelse, der sætter en gruppe mennesker i stand til at tænke og handle. Magt opstår pludseligt, hver gang folk samles og handler i fællesskab." (Arendt, s. 42, 2021/1969)

Dér, hvor vi finder liv, findes kamp og uro, livskraft, en skabende erotik og uimodståelig bølge, livets mest strålende ytring; "en indre drift til at vokse" – "dét, der holder op med at gro, begynder at rådne" – *at give magten en ny kraft og værdighed,* som i den "skabende galskab".

Organisk tænkning, naturens husholdning, nedbrydning og opbygning; lumske revner og snigende dråber; "… alt, hvad vi ved … alt det, vi kan, er endt med at vende sig mod det, vi er…" (Valéry) – en manglende evne til at tænke – et totalt fravær af tænkning.

At beskytte sig mod virkeligheden og den tænkende opmærksomhed

"Er vores evne til at dømme, til at skelne godt fra ondt, smukt fra grimt, afhængig af vores evne til at tænke? Er der sammenhæng mellem den manglende evne til at tænke og en katastrofal mangel på det, vi normalt kalder samvittighed?" (Arendt, s. 90, 2021/1969)

Mennesket er et tænkende væsen, som har behov for, at bruge sin hjernes evner til mere end et instrument for viden og gøren – et behov der kun kan tilfredsstilles gennem tænkning, hvis vigtigste træk er, at den forstyrrer al handling:

"For det er sandt, at i det øjeblik vi begynder at tænke … så stopper vi alt andet, og dette alt andet, hvad det så igen er, afbryder tankeprocessen; det er, som om vi flyttede over i en anden verden." (Arendt, s. 94, 2021/1969) – *Nu er jeg, nu tænker jeg* (Valéry).

Tankeerfaringerne uden løsning, en cirklen rundt om en frosset tanke, med bevidsthedens øjne, som tænkningen må optø (Homer), en overvejende refleksion, en meditation, der stikker, føder, lammer eller renser (Sokrates); tankevinde – tankestorme (Heidegger) – frosne tanker.

Tankens lammelse; *stop* og tænk!

Tankeløst, paralyseret; at vende sig mod sig selv, væk fra en søvnig ikke-tænkende rutine – *der findes ingen farlige tanker; tænkning i sig selv er farlig* – "et uudforsket liv er ikke værd at leve" (Sokrates), tænkning er undergravende, den tænkende opmærksomhed, *eros*.

To-i-én, den lydløse dialog, "jeg og mig selv" – *tænkningen virkeliggør den forskel, der ligger i bevidsthed* – selvets møde med sig selv; at være/blive gode venner i/med sig selv i den tænkende dialog, som sin samvittighed, som en eftertanke, som et vidnes tilstedeværelse.

At begynde den lydløse, ensomme dialog, vi kalder tænkning; virkeliggørelsen af den forskel, der er tilstedeværende i os alle, en samtale med sig selv, "det tænkende jeg", i de sjældne øjeblikke.

Den kendsgerning, at mennesket *fødes* ind i verden

"En krise udvikler sig først til en katastrofe, når vi reagerer på den med på forhånd dannede domme, dvs. med fordomme. En sådan indstilling forværrer ikke blot krisen, men får os til at give afkald på erfaringen af virkeligheden og den mulighed for refleksion, den tilvejebringer." (Arendt, s. 8-9, 2021/1958)

Når en *patos* for det nye, og de voksnes forsøg på at fremkalde det nye som om det allerede eksistererede, udtrykker dette at fællessansen fejler og forsvinder, hvilket er det sikreste krisetegn på, at der ødelægges et stykke af verden – *fællessansens nederlag peger som en ønskekvist på det sted, hvor et sådant indhug har fundet sted.*

Og alle de "umistelige" begavelser ødelægges, hvor *kun dét, der kan læres gennem leg, yder livlighed retfærdighed,* hvor "kunsten" at leve erstattes af gøren, hvor et *menneske under tilblivelse* ophører, og hvor ansvaret, omsorgen og beskyttelsen, det trygge sted, *tryghedens beskyttelse* – går bort.

Indstilling til livet; *etos*

"Det hører til det menneskelige vilkår, at hver ny generation vokser ind i en gammel verden, således at det at forberede en ny generation på en ny verden kun kan betyde, at man ønsker at fratage de nytilkomne muligheden for selv at skabe det nye." (Arendt, s. 11, 2021/1958)

Afskaffelsen af autoriteter, mistilliden til autoriteter, en meget mærkbar autoritetskrise. Lad os lære hvordan verden er, lære at denne verden til stadighed fornyes gennem fødsel, og give børn muligheden for at begynde noget nyt – elsker de mon verden nok til at tage ansvar for den?

I nutidens autoritetstab, i dette mørke, hvor alt, der lever, kommer fra, i *mørkets sikkerhed,* i det egentlige livsrum for vital udvikling og vækst, hvor livsbetingelserne modnes i fred og ro – herfra fjernes hele barnets trivsel.

Et frit jeg – in(tro)spektion

"Vores håb hænger altid på det nye, som enhver generation bringer med sig; men netop fordi vi kun kan fundere vores håb på dette, ødelægger vi alt, hvis vi forsøger at kontrollere det nye på en sådan måde, at vi, de gamle, kan bestemme, hvordan det skal se ud." (Arendt, s. 27, 2021/1958)

Feltet for den indre sans, hvormed jeg fornemmer mig selv, viljens dunkelhed; den "indre frihed", at *føle* sig frie i det indre rum, i "bevidsthedens indre liv". I et ekko fra Aristoteles; *den, der lever som han/hun ønsker, er fri*. I et ekko fra Epiktet; *et menneske er frit, hvis det begrænser sig til det, der er i dets magt.*

Tænk; *at være slave i verden og stadig være fri,* og; *at være fri fra ens eget begær.* Tænk blot; "at bevæge sig, komme væk hjemmefra, gå ud i verden og møde andre mennesker gennem handlinger og ord", som i en frit, flydende strøm, som hele livsprocessen. Bare; *friheden til at kalde noget til væren.* Det må være sådan: "Mennesker er frie … så længe de handler … at være fri og at handle er det samme." (Arendt, s. 66, 2021/1961).

Virtuositet & fremtrædelsesrum

"Uden en politisk sikret offentlig sfære mangler friheden det rum i verden, hvor den kan vise sig. Den kan ganske vist stadig finde bolig i menneskers hjerter som trang, vilje, håb eller længsel; men menneskehjertet er, som vi alle ved, et meget dunkelt sted, og det, der måtte foregå i dets mørke, kan næppe kaldes for en påviselig kendsgerning." (Arendt, s. 62-63, 2021/1961)

At etablere og bevare et (handle)rum, hvor frihed som virtuositet kan fremtræde – med modets livskraft, hvor "jeg-vil og jeg-kan", hvor den magt (jeg-kan), befrier viljen (jeg-vil) og erkendelsen (jeg-ved) fra nødvendighedens slaveri (ibid., s. 74), at kunne begynde, at være den uventede begyndelse og dermed afbrydelsens mirakel.

En hændelse er et mirakel, det mirakuløse er i overraskelsens chok, i det initiativ som mennesket er, som det handlende væsen; *at være på udkig efter det uventede og uforudsigelige, at være forberedt på og forvente 'mirakler'* – "mennesket er en begyndelse … og en (ny)begynder".

At genskabe en helhed; et forsøg

"… mennesket er tvunget til at bekræfte en væren, som det ikke selv har skabt, og som er fremmede for selve menneskets natur … at blive det, som mennesket ikke kan blive: skaberen af verden og af sig selv." (Arendt, s. 12, 2010/1994)

At genetablere et hjem i verden; i det filosofiske chok, smadret i fragmenter – "at fremmane et nyt hjem i verden, der opfattes som fremmed" – filosofiens frigørelse, at forsone det rene At med 'det kontemplative liv', i *et punkt af total fortvivlelse.*

I en i bund og grund tom virkelighed; usikker, uforståelig og uforudsigelig – i 'grænsesituationer', i forladthed – som *efterladt i verdens midte*, og at "møde livet på dets egne betingelser", i den særlige melankoli, i 'denne eksistens, som jeg lever dette øjeblik'.

Undtagelsens refleksionsteknik; en trøstesløs tilfældighed

"… at filosofere bliver … en forberedelse på at møde både min egen og verdens virkelighed. … at filosofere i en tilstand af ophævelse … en arena for ubegrænset handlen." (Arendt, s. 33, 2010/1994)

At tage øjeblikket alvorligt; med verbale tricks og terminologiske facader – med 'en åndelig kådhed' (jf. Heidegger) i menneskets Hvem, som et ikke-hjemme – med samvittighedsråbet, med en falsk fred i sindet, med en bestandig appel, og at forstærke det intellektuelt uløselige, som nægter at spille spillet.

Som en snedig hemmelig kraft, som et foruroligende budskab; i en skyggeeksistens, i en genopvækkelsesbevægelse, som en politisk maskine i fortvivlelsens tavshed, efterladt i mørket, i 'tidsåndens vindpust', i totalitær tankekraft – i noget nyt i fortællekunsten.

Tankestrømme; livets tjenestepige

"Hvis menneskehedens solidaritet skal baseres på noget mere solidt end den berettigede frygt for menneskets dæmoniske sider, hvis alle landes nye universelle naboskab skal resultere i noget mere lovende end en enorm forøgelse af det gensidige had og alles næsten universelle irritabilitet over for hinanden, må en proces i enorm skala præget af gensidig forståelse og fremadskridende selv-afklaring finde sted." (Arendt, s. 49, 2010/1968)

En 'elites' egnethed, en løgnagtig nødvendighed, i nåde og unåde, i velsignelse og forbandelse; livet i forfald: "I et samfund under opløsning, et samfund, der blindt følger undergangens kurs, kan katastrofen forudses. Kun frelse, ikke undergang, kommer uventet, for frelse og ikke undergang er afhængig af menneskers frihed og vilje." (Arendt, s. 142, 2010/1994)

"En dagligdags forvirring" (Kafka), i den tomme storhed, som den suveræne skikkelse, med 'tørkeperioder' i *livets brusende travlhed* – og eliksir: "En menneskehedens filosofi adskiller sig fra en menneskets filosofi ved at insistere på den kendsgerning, at det ikke er Mennesket, der taler til sig selv i ensomhedens dialog, men mennesker, der taler og kommunikerer med hinanden, der bebor jorden." (Arendt, s. 55, 2010/1968)

"Hver eneste handling er et mirakel, noget, der ikke kunne forventes.

Det er en del af enhver ny begyndelses væsen,

at den bryder ind i verden som en 'uendeligt usandsynlig hændelse..."

(Arendt, s. 83, 2021/1961).

Nedskriv i stikord, hvad du fik opsnappet – og hvad det afstedkom:

____

____

____

____

____

Regenerativ lyrik

Vita Contemplativa

En tænkning uden gelænder, fødthed som skabthed; at tænke
samvittigheden og jorden som menneskets sted at være, i fællessansens
tomme pletter, i de efterladte områder, at ville begære igangsættelsen.

At dømme hjælpeløs, som makaber komik, som at stoppe op i
'åbenbaringens nat' – i det medium vi tænker og lever i – i en bundløs
afgrund, i mudret jord; i et slaraffenland og i en nedrakningens metafysik.

I det usynliges sfæres uerkendeliges forklædninger, i en vending i
hverdagslivet, i den ledende tanke, i den mørke grund, ud i det åbne, i
'overfladens udtrykskraft'; i sjælens liv og lydløse dialog med sig selv.

I kødets bundløse filosofi, i menneskehjertets mørke og karakters livsrum;
en manisk eufori og melankolsk depression, der i den tunge søvn og i de
eksistentielle vildfarelser, berører følelsen af virkeligheden, som tankeord.

Den gode sans, som fremmed erfaringssfære og erkendelsestrang, som
hjernekraft og ontologisk værdighed; at jage skyggernes skygger i det
ubesvarliges voksende skatkammer indvarsler et særligt talent.

Stilhedens liv i det skjulte, i usigelig rædsel, et fuldstændig tavst
inderlighedens sted; 'uden for ordenen', i latterliggørelsens eftertanke,
lever i 'tænkningens land' – i værens-unddragelsens stilhed og *Scholé*.

I den sigende passage – *topos noétos* – i lydløse monogrammer, i frosne
analogier, i 'væve af løgne', hvor tårerne som smeltende sne, hører
forbløffelsens fornemme tavshed – i tavs kontemplation – og i glæde.

Uden begyndelse, med magiske ord fortryller 'livets festival' den uendelige overlevelse i at leve i 'dets' nærhed, i den oprindelige undren, i det 'stående nu'; i det vilde hav, i rasende og fremmed beundringsværdighed.

Ramt af svimmelhed vinker et uendeligt værende i den kvalmende nøgne eksistens; værens skandale, den trøstende tanke, åndens øje, et ædelt tidsfordriv – med flugtimpulser, viljesøvelser og opslugt i knugende mørke.

En glat følgesvend, et vanskeligt slæng, en 'frossen tanke' i tænkningens vinde – intetsteds; i tomrummets utænkelige tankerækker, i 'erindringens mave' – i et ubevogtet øjeblik – i en nat mørkere, på en slagmark (Kafka).

Den diagonale kraft, tænkningens sted; hullet og 'hverdagslivets hav', den tidløse sti, den tavse sans – 'at gå som man ønsker', i tilgivelsens sindsro – i spiralernes tapre og velkendte vits, i sandhedens tvang og usårlighed.

Berøvet klinger kontemplationens salighed.

Uddyb i stikord – hvad ovenstående *regenerative lyrik* siger (dig):

____

____

____

____

____

____

____

Intermezzo: Omgangstonen

"I den aktuelle verdensproces, der giver sig udtryk i en fremskyndet katastrofedrift, oplever menneskene både som udøvere af og som ofre for mobiliteten deres primære livsform som noget, der fører et forkert sted hen. I deres egenskab af udøvere oplever de samtidig, hvordan de bliver i stand til at acceptere trenden i retning af det forkerte i en grad, der nærmer sig den fuldkomne identifikation."[1]

Således er tematikken om mobiliteten intoneret, og samtidig med at det ikke udelukkende blot er en kritik af fremmedgørelsen (a la Rosa), opstilles der et privilegium, nemlig at kritisere verden som verden; at gennemføre en kritik, som det siges på samme side, der undgår; "... den masochistiske totalkontemplation, som fører over i det metafysiske flip." Frem for at kredse om en væren-i-verden udgør den centrale del snarere en analyse af en kommen-til-verden; "... korrigeret af en majeutik, der handler om at ankomme til jorden og at *frembringe* verdener ... Den majeutiske filosofi taler om den *anstrengelse*, som de virkeligt opståede individer må tage på sig for at være *til*."[2]

Verdensklagen, det transparente liv, opdagelsen af en langsomhed, hele den "ukontrollerbare og katastrofale heteromobilitet" drøner afsted, som tænkende laviner, ontologiske mærkværdigheder og selvrefleksive naturkatastrofer. Mennesket bringes; "... i fare af livets storm ... træder selv de masser løs, som det risikerer at blive begravet under."[3] Gennem Sloterdijk's tilnærmelser til "det uforståelige, det ubeskrevne og det udeladte i den aktuelle verdensproces" ... den blinde, dystre begivenhedshvirvel, med vakuummer, depressioner, lidelser og passivitet, registreres det at bevægelsen har revet sig løs: "Den får varestrømme til at flyde, flotiller til at krydse, rullende trapper til at glide, klimaer til at ændre sig og faunaer til at forsvinde."[4]

Verdensbevægelsens katastrofesvangre bevægethed, fremskridtet i bevægelses-begrebet, som de progressive processers væsen, at sætte nye bevægelseskæder i gang, fremskredne selvbevægelser, fremskridtsvæsener, bevægelsesfrihed, frihedsbevægelser, generationers bevægelsesfremstød, tvangsbevægelser, én fælles bevægethed og "håbet om forløsning gennem hastighedsforøgelse", sigter alt sammen på og efter mobiliserings-processer, konstaterer Sloterdijk: "Netop deri består den

---

[1] Sloterdijk: Eurotaoisme, side 10.
[2] Ibid., side 11.
[3] Ibid., side 17.
[4] Ibid., side 19.

uhyggelige mobiliseringsproces, der bringer alt, hvad der eksisterer af kraftreserver til "fronten", og driver alt, hvad der er potentiale, frem til realisering."[5]

Således har vi at gøre med bevægelsesbevidstheder, væren-for-bevægelse, og går fra produktion til mobiliseringen, hvor alt fast og solidt fordamper i den kapitalgennemstrømmende verden, som det siges. Bevægelseskræfterne og bevægelsesforholdene, selvbevægelsesmasserne og bevægelsesfordelene svinger masserne; "… mere og mere op i systemernes verdens-omspændende mobilisering og øger mere og mere presset på den levende bevægeligheds gestus. … Bevægelsen er det store utænkte i vore sprog."[6] Og hvad angår bevægelsesudtryk, demobiliseringsøvelser, blindt kværnende procesmasser, selvbevægelses- og selvaktualiseringsmuligheder, "selvudlevering til selvkørende, selvafprellende følgeprocesser", forekommer en relativ stilstand i totalmobiliseringen, som følge af delprocessers gensidige hindringer og bremsninger, som den ene ekstreme version, og den anden udgør; "… en afsporing, der nærmer sig det økologisk-kinetiske inferno."[7]

Og skulle man søge tilflugt, frelse, håb eller kopierbare livsformer fra de gammeløstlige visdomsverdener, kan det være udtryk for en søgen efter en kompetent selvforståelse, fordi vi i Vesten, ifølge Sloterdijk, har udtømt den formende kraft, opbrugt de moralske reserver og udøvet en global forglemmelse, hvor tingene nu bare får lov til at køre, som de vil: "I og med at Vesten drømmer sig ind i et forsvundet Østen og påkalder en asiatisk antik som en gyldig kulturmodel for det aktuelle liv, søger den i den fremmede fortid efter muligheder for sin egen fremtid."[8]

Og Sloterdijk fortsætter:

"For hvis der er en fællesnævner for den asiatiske tænknings strømninger, så må det være den, at de forstår betydningen af væren som væren-for-hvilen-i-bevægelsen. Selv hvor der, som for eksempel i yogaen, arbejdes med de voldsomste mobiliseringer af kræfter i betydningen mystisk

---

[5] Ibid., side 27.

[6] Ibid., side 38-39.

[7] Ibid., side 39. Rollerne og proces-bevidstheden i dette slutspil, bemærker Sloterdijk, i forvandlingen fra mobiliseringshelt til procesnar, er en bemærkelsesværdig erfaring man kan gøre med sig selv; eller være; "den rigtige bevægelses 'vogtere'". (side 40).

[8] Ibid., side 42.

fysiologi, er bevidsthedens fokus altid samlet omkring opstigningen til stilheden i kraften."[9]

Famlende forsøg i gammelorientalske rum, dramaturgier for livsviljens kinetik; demobilisering, de-automobilisering, hvor vi ikke længere drives frem af selv-accelererende propeller … kan man forestille sig det, spørger Sloterdijk? Og hvad angår panikken, de paniske træk, de nære bekymringer, nutidens signatur, der åbner sig som et sort hul i tiden, den paniske verdenserfaring, skriver Sloterdijk: "Panikken fremtræder som den obligate værensform hos den bevidsthed, der engagerer sig fuldt ud i sin tid – i vor tid."[10]

Alternative kulturer, livsholdninger og tilværelsesfortolkninger, den makabre undertone i formlen for panisk kultur, "… hvor de arme sjæle i et katastroferigt selvstudium må tilegne sig betingelserne for deres egen overlevelse … Økologerne, de autonome, fundamentalisterne, de naturreligiøse og de grønne pacifister er alle indfanget i en ældgammel historie af revolter og revolutioner, i hvilke en ældre utilfredshed med verden allerede har fået sit klassiske udtryk".[11]

Om det ikke-hysteriske og noget pragmatiske forhold til katastrofen, hvor verden holder vejret, hvor nutiden er uden tårer, og; "… det menneskelige nervesystems makabre tilbøjelighed til at skaffe sig pirring ved hjælp af stærkere og stærkere stimulanser"[12]; alle de sindelagsforvandlende energier, at være og komme ud af kontrol, de slående omvæltninger, sindsforvirringen, erkendelseslynet og de radikale mentalitetsændrende indsigter samt sammenhængen mellem ulykke og indsigt, siger Sloterdijk: "Den menneskelige bevidsthed har i mange henseender en evne til at forblive immun over for den katastrofiske evidens."[13]

Det handler om mentalitet og mobilisering.

Og endvidere; forbrændingerne, advarselssmerterne, "menneskehedens drama", selv-transformationerne, og selvstudierne, selv-belæringerne, artens evne til at lære, og ikke mindst "de lokale intelligensers hårde

---

[9] Ibid., side 46.
[10] Ibid., side 48.
[11] Ibid., side 50. Sloterdijk peger på to former for filosofisk *alternativitet*; 1) "den metafysiske form for uoverensstemmelse med verden, der sigter mod transcendente ververdener eller utopiske modverdener"; 2) "den poietiske form for uoverensstemmelse med verden, der ser de spor, som peger ind i friheden, i virkeligheden selv."
[12] Ibid., side 53.
[13] Ibid., side 54. Her bevidnes et sammenskrab af væsentlige formuleringer (side 55-60) … til brug for det videre forløb.

økologi"; hele dette "vagtsomhedsorgan", og at jorden forvandles til ørken, besindelsen og omvendelsen, den planetariske naturbeherskelsespolitik, det naturforbrugende ego, modermordet, viljen til naturbeherskelse og det naturbeherskende subjekt, og grundlæggende set viljen til beherskelse; at ødelægge naturen; lidelse og afmagt … det dramatisk-tragiske – handlingernes, kunnens og villens tragedie – og den kognitive mobilisering – har altid, som det anslås, været forbundet med afsløring (på græsk: *apokalypse*). Erkend din situation! Mellem flugt og håb.

"Vi tolker fremkomsten af metafysiske tankeformer som et indicium for den verdenshistoriske tilvækst i harmoni- og abstraktionsbehov som følge af en voksende social og eksistentiel dissonans."[14] – Denne patogenese, de metafysiske grundudtryks væv, markerer de smertelige erfaringer i den menneskelige eksistens, verdenssmerten, og som den holistiske bevidsthedsindustri lever af gennem metafysiske plagiater. Ved at springe tusind år tilbage, anslår Sloterdijk, at dyrkelsen af uligheden af livsskæbner er forbundet med "skrækken for den altædende tid."

Hele den metafysiske verdenshusholdning afslører endvidere en opgave i at pege på veje til orden for det forvirrede liv; en vilje til orden, en analytisk mytos og en invasiv gennemlysningsontologi, hvis sfæres forfald udtrykker følgende: "Det metafysiske studium vender sig bort fra tingenes trøstesløse 'overflade' og skuer ned i dybden eller op i højden, hvorfra de intelligible ordener synes at lyse ned til os, i den udstrækning vi er parate til at se bort fra det alt for synlige og gennemskue det anmassende skin."[15]

Dissonansen og at komme til rette med sin irreversibilitet, at være såret tid, og længes efter forstening, opdage det ubevægelige; evighedens sandkorn i ensomhedsrus, at kunne gå ind i den sande immobilitet, og den suspekte bevægelse, bevægelseskulterne – om alt dette kan der siges: "Den, der forestiller sig livet i tiden og forstår tiden som et ubønhørligt forløb, han ser ikke blot sig selv dø kontinuerligt, men er tvunget til *allerede nu* at forestille sig selv som en, der vil være død."[16]

Den værens-behændige forståens sindighed … således kunne man godt anslå det andet alternativ, som Sloterdijk skriver frem; netop hvor produktivkræfterne er blevet til mobiliseringskræfter og dynamiserings-strategier, bliver: "Rædslen over den irreversible bevægelse ikke længere besvaret med flugten ind i det ubevægede, men med flugten ind i det

---

[14] Ibid., side 62.
[15] Ibid., side 65.
[16] Ibid., side 66.

flygtige."[17] Det handler derfor her om det, som Sloterdijk, betegner som "den præsentiske eksistens"; livet i øjeblikket, det levende øjeblik, men: "Er den alternative præsentisme ikke blot en plat nirvana-agtig fundamentalisme, der er dømt til at fortone sig i ukreativ indifference?"[18]

Det handler om vor nervøsitet, at man står i det åbne, eksisterer, om at være i det åbne, at der er noget tilbage, der er åbnet, som udgør det præsentiske livs kraftfelter; det fødelige kraftfelt, som dermed angiver et spor af fødselsprocessen som en del af værkets nærvær, som Sloterdijk konciperer det: "For poiesis er, idet den frembringer noget, det vil sige bringer det frem-i-det-åbne, en overtagelse af naturproduktiviteten gennem det excentriske humane subjekt."[19]

Pointerne er her, at; "teknikkens flugt for det åbne … den aggressive mobilisering … at sætte-i-verden … at livets store kæde bliver sønderrevet … alle frembringelseskompetencerne, de hybride programmer … som gør det måleligt og vejeligt … skaber en katastrofisk verdenserfaring…".[20]

Således er det både foruroligende og en lettelse, fordi den holistiske løgn, ifølge Sloterdijk, hermed bliver bragt til en afslutning. Der er nemlig noget uopretteligt, noget som er blevet opbrudt, såret, "noget der er gået op i fugerne" … en aggressiv kile … i en verden, der er faldet fra hinanden, en fordærvet verdenstekst … hvor det vævede, det knyttede, det konsonante højst udgør skitser til et helt liv.

"Om virkelighedens helhed kan man netop ikke sige, at den er det hele. Helhedens paradoks sprænger alle helhedsforestillinger, idet helheden skal indeholde sin egen fragmentering og overskridelse, uden at kunne rumme dem. Hvornår er helheden hel? – Måske når den som helhed falder ned i intetheden."[21]

---

[17] Ibid., side 72. Immanenstænkningen, noterer Sloterdijk sig, har forvandlet det dennesidige som et spøgelse, og mobiliseret det, så det er ved at fordampe.

[18] Ibid., side 74. Sloterdijk uddyber i det følgende præsentismen og præsens' væsen som værende i bevægelse i betydningen ankomst-, frembringelses- eller indtrædelsesdrama … præsens-erfaring; at vågne op, komme ud, frembringe og modtage – og dermed opfatte verden som ankomstrum: "Præsens som ophold i det åbne opstår jo først gennem den menneskelige kommen-til-verdens bevægelse, og ligegyldigt hvor denne bevægelse sætter ind, så får det fødelige, det præsentiske og åbne sin profil i én og samme bevægelse." (side 75).

[19] Ibid., side 77. Det naturlige liv, og hvad poiesis "gør rigtigt" er at stille *det* "ind i nærværet … i kraft af poiesis får ånden moderlige evner … poiesis er en 'moder' … det afslappede liv." (side 78).

[20] Ibid. Side 78-79.

[21] Ibid., side 80.

Del 2: Den store genfødelse – Visdommens ordhav

Sophia Pelagos Logos

Kærlighed til sandhed; en guide til livets poetik

Lamaismus: Hvorfor verden har brug for filosofi

Entheogens:

Substances which 'reveal the God within' … put us back in touch with our souls.

Verden har brug for kærlighed. Filosofi er kærlighed til indsigt. Kærligheden er det lægemiddel som mangesidige perversioner af søgende sjæle finder gennem længslen efter erkendelse, venskabet med indsigten og kærligheden til sandheden.

Grådighed, misbrug, vold, had og ondskab samt tusindvis af andre former for sygdomme og sindslidelser, der skader og ødelægger mennesker, liv og verden ophører med at eksistere i takt med at denne kærlighed til sandhed leves.

I denne del sigter jeg efter at sende mennesker i retning af den virkelige kærlighed, som bor dybt inde i filosofien.

På den måde ser jeg ingen grund til ikke at sætte barren højt. Og med det mener jeg at vi alle kan gøre det bedre end hvad tilfældet er. Netop fra i dag af er det muligt at sætte sig ind i den dybeste kærlighed som findes i filosofien.

Ved at drikke et par slurke af den filosofiske livseliksir opnås der adgang til kærlighedens sandhed. Der åbnes op for mangfoldige dimensioner. Tilværelsen sker fra da af ud fra kærlighedens livskraft og hviskende venskab som tilbyder en guidende hjælpsomhed og samvittighedsfuld klarhed.

For at gøre det klart er denne del en guide til den mest potente og altomfattende helende kraft i den menneskelige eksistens, selveste kærligheden.

Jo mere du drikker af denne filosofiske kilde, desto mere bliver du til i sandhedens skikkelse. Og denne kærlighedens tilskikkelse er i sandhed, hvad verden har brug for … nu og her.

Materialismus: En livsguide

How philosophy manifests within our consciousness ... it manifest healings and the nature of the illumination of death ... expose our real selves ... we become very sensitive ... your heart will open ... allow growth, grateful, knows the moment ... a science of the lived ... a harmonic orchestra ... breathe, calling, forgiveness, trust, compassion, peacefulness and humility.

Da jeg begyndte at drikke af *den filosofiske kilde*, opdagede jeg ret hurtigt, at mennesker, der overvejede det samme, havde en del spørgsmål. Faktisk var tilfældet at mange som allerede havde *drukket* heraf stod efterladt med ikke så få ubesvarede spørgsmål.

Jeg har siden min første tår, i utallige anledninger, siddet med mennesker og engageret mig i lange samtaler, der sigtede efter at kaste lys over *den filosofiske bryg* og de typisk tilknyttede sessioner, hvor filosofien konsumeres samt andre aspekter af den filosofiske praksis.

Samtaler synes at være en væsentlig del af den filosofiske rejse. Mennesker deler informationer og erfaringer med hinanden herom, og opnår således viden og indsigt. I den forstand løsner filosofiske dialoger sindet og de talende tungerne på en ganske vidunderlig måde.

På et tidspunkt kom det mig på sinde, at selvom ikke så få bøger tilbyder ganske gode informationer om filosofi, i form af introduktioner og omfattende udfoldelser, synes der ikke at være nogen, der formår at tilbyde en grundlæggende viden om kærligheden til sandheden på en måde, der både er relativt let forståelig og samtidig praktisk anvendelig.

Ideen til denne filosofiske del og guide til livets poetik opstod i takt med mine møder med rejsehåndbøger, hvis kendetegn jo er at være *handy*, tilgængelige og praktiske med forslag og gode råd.

Sådanne guide-bøger formår at invitere sine læsere ind i nye områder og navigere rundt i disse.

Derfor tænkte jeg, at dem som tiltænker at begive sig ud på den filosofiske rejse, kunne nyde godt at en praktisk håndbog, der som guide samtidig tilbyder det væsentlige. Denne indsigt påbegyndte skabelsen af denne del.

Så her har du dermed det vigtigste beskrevet, hvad angår at forstå, hvad du er i gang med at begive dig i kast med, og måske endda allerede har begivet dig i kast med.

På de følgende sider vil du finde informationer om filosofien, specielt med fokus på, hvad det er og hvordan den laves. Der er endda et helt afsnit om nogle filosoffer, og hvad de laver, og hvordan det forbinder sig til de filosofiske sessioner og praktiske aktiviteter. Dertil følger også en række beslægtede aktiviteter, som fx psykologi, sociologi, poesi og litteratur.

Endvidere har jeg været optaget af filosofiens helende funktioner, specielt med tanke på de mange, mange mennesker, der gennem tiden har opsøgt filosoffer og filosofien med henblik på at komme sig, blive lindret og helbredt fra forskellige former for helbredsmæssige forstyrrelser.

Da ingen enkeltstående bog kan tilvejebringe alt som du kunne tænke dig at vide om den filosofiske rejse, vil jeg i denne del ikke desto mindre tilstræbe at besvare mange af de spørgsmål, du som søgende måtte have.

Derudover vil der formentlig også være en del passager og informationer omkring spørgsmål, som du ikke vidste, at du havde – og kunne stille.

En af de mest centrale aspekter i denne del handler således om, hvordan man kommer omkring den filosofiske rejse på en sikker og tryg måde, med den rette filosof, og filosoffer som en trænet leder.

I takt med at filosofi begyndte at blive markant blandt folket og dermed støt stigende populær, er der samtidig opstået flere og flere steder, hvor man kan indtage *den filosofiske dosis* – og dette er stadigt stærkt stigende.

Det viser sig at nogle af disse steder er bemærkelsesværdigt godt sat sammen, og andre steder forekommer desværre at være ganske mangelfulde, og ligefrem højst i skitseret form.

Samtidig synes flere og flere filosoffer at "komme ud af hulen" eller "kravle ned fra deres himmeltårn". Med andre ord synes flere filosoffer at gøre sig gældende på gadeplan, i øjenhøjde, på markedet, m.m.

Nogle af disse filosoffer er højt uddannet og godt trænet, og har brugt mange år, og måske endda årtier, på at finbearbejde deres ekspertise og mesterskab.

Andre er imidlertid langt mindre i stand til at lede en god filosofisk session, som følge af at de ikke besidder det tilstrækkeligt påkrævede niveau og talent. Desværre er det jo sådan, at hvor der er penge, er der også misbrug.

I takt med at flere og flere søgende sjæle (de filosofiske pilgrimme) søger indsigtsberigende møder, har et støt stigende antal af uærlige, manipulerende pseudo-filosoffer markedsført sig selv som filosofiske begavelser.

Nærmest som indiske guruer, og fordi de har læst en bog eller to, kan et par modeller eller flere, og ved lidt om nogle græske, tyske, latinske eller franske udtryk, bryster disse sig med at kunne ryste med *den filosofiske rangle.*

I virkeligheden synes tilfældet at disse ikke hvad ved, hvad de laver, blot fordi de kan trylle lidt og fløjte i og med *den filosofiske fløjte.*

Således er ambitionen med denne del at støtte og styrke læseren i at kunne navigere sig selv rundt i det filosofiske landskab; at blive i stand til at kunne bevæge sig rundt på denne scene, som gør det muligt at engagere sig i den filosofiske rejse uden at blive tilfangetaget af – og blive – en *joke.*

Selvom at vi som mennesker typisk opfatter os selv som dem, der gør noget, at det er os som afstedkommer de fleste aktiviteter i vores liv, og selvom dette til dels er rigtigt, vil jeg ikke desto mindre anslå den interessante tanke, at der indlejret i den filosofiske ånd, både befinder sig kraften til at katalysere sjælens heling, og en grundlæggende transformationsevne, som bevidst søger at hidkalde os.

De fleste af os som har involveret sig dybt og intensivt i filosofiens kærlighed til sandhed har sikkert gjort sig den erfaring, at ikke blot møder man her en potent kraft, men også en storslået bevidsthed med en multi-dimensionel aktivitet.

Og så snart filosofien begynder at tiltale os, forsvinder forestillingen om at man er den, der er udgangspunktet for livet.

Med andre ord udgør filosofien livets fertile medicin, og for mig handler det i denne del derfor om, at skabe forståelse for denne filosofiske rejse. Min anbefaling til læseren heraf er at medbringe disse afsnit til dine filosofiske sessioner. Del den med dine venner.

Denne del er til dig, som du kan støtte dig til, når du drager videre afsted på livets vidunderlige rejse med kærlighed til sandhed.

Militarismus: Når filosofien vågner

> *A cultural transformation, a spiritual awareness, a new look at the epistemology of consciousness ... the process of attaining a sense of unity and the sacred dimension of life ... loosening of defenses ... suspend the existing mental programming ... transcend fundamental self-concepts ...*

Når filosofien er "ude af flasken" er det en potent mikstur, som er ude i verden. Ligesom en morgens brise og tåge rammer den én som en mysteriøs antikvitet, der breder sig vidt omkring. Filosofien frister ens sind og provokerer gennem at minde én om fremtidens forløsning.

Langt de fleste er i dag informeret om filosofien – og indgår gerne i dybere former for engagement hermed – for at mærke dens helbredelse og åndsopkvikkende effekter.

Hvad der tidligere udtrykker en væren sammen med sandhedens tænkning er nu blevet til en form for samvær, hvor sulten dyrkes af ”pilgrimmer” – langt de fleste søger nu den filosofiske medicin.

Ganske hurtigt bliver disse pilgrimme indsat i en realitet, der ikke er helt normal, og disse pilgrimme søger et direkte møde med det (u)kendte – og de får det – dette er filosofiens løfte – og mulige trøst.

Disse filosofiske pilgrimme søger ikke længere i Asien eller Sydamerika – efter shamaner eller 1970'er guruer – ikke efter østlige metoder – men de søger heling, hvor der er dybe sår og forstyrrelser, som ikke kan lindres via normale former for terapi, gennem åndelige passager og rumlige dimensioner, hvor tænkningens helbredelse regerer.

Notér dig nogle tanker om nedenstående udtryk:

Neue Ontologie: At møde filosofien

> *A transformational space … therapeutic functions … life-transforming experiences.*

____

____

____

Organismus: Det filosofiske medium

> *Intensions, resistances, sharing – ego-dissolving … the openness of one's heart and mind … a mirror of the human condition … wisdom … what it means to be healthy today … the grief, sadness and anger … surrendering, as a kind of death … the final letting go … that is its magic … truly in the present moment … no longer trapped …*

____

____

____

Politischer Realismus: Filosofisk medicin – og andre slægtskaber

*Self-acceptance, spiritual evolution, cleansing, connecting with our own truths, wisdom
and intelligence, mystical pragmatism, stream of consciousness, 'hormone of darkness',
'winter depression', mind-altering, meditation or prayer – resonance… a birth process …
'let go'! Life force.*

____

____

Qualitätenlehre: Filosofferne

*More real than reality … discover doors … unlock these doors … a new way of life … Ego
death … absolute bliss … a philosophical apparatus … 'the unthinkable way'?*

____

____

Sensualismus: Filosofiske serenader & sessioner

*Transcendental experience – rest, motion, being, the world of forms … change, time and
eternity … breakthrough…*

____

____

Sozialreformismus: Filosofiske erfaringer

*I ekstase; at transformere frygten til styrke i et leveværdigt liv, med livsappetit og livskraft;
at helbrede på renselsens bristepunkt; at fokusere på lyset og kærligheden i visheden om
det gode liv, i livsglæde, i lysstrålernes spontane bøn, i skaberglæde, i frisættelse; at tage
sine erkendelser alvorligt i fred og friskhed, i krumspringets mindreværdsforbandelse.*

____

____

Toleranz: Filosofisk integration

*Nedbrudt i en suspekt form for magi, i fremmedgjort lystøkonomi med forførbare
forståelsesredskaber, i fremmedgørelses-mekanismer, i lys og luft, i blufærdighed …
mærker venligheden, med følsomhed; at gøre hele livet til en slags bøn, i storhedens
ekstase, som kærlighedens gaver, i 'nattehavfart', i velsignelsernes plamager.*

____

____

Den platoniske protreptik; godhedens opmuntrende tanke

Der står i Platons samlede forfatterskab (2011-2015) skrevet følgende:

”… *Symposion* er på samme tid apologetisk, lovprisende, **protreptisk** og på en eller anden måde konstruktiv.” … ” (Platon, s. 12, bind 3)

”*Forsvarstalen* er simpelthen et forsvar for Sokrates, uden meget **protreptik** … ” (s. 12, bind 3)

”Platon rettede sin **protreptik** mod en begrænset tilhørerkreds…” (s. 16, bind 3)

”Det ser ud til, at dialogerne bevæger sig på to kommunikationsniveauer. Der er det almindelige menneskelige niveau med alt dertil hørende farverigt liv, alle dets mangler og aporier, som muligvis kan appellere til en mindre velinformeret tilhører og muligvis har en **protreptisk**, ’propædeutisk’ funktion. Og så er der en filosofisk kerne, ofte i dialogens centrum…” (s. 21, bind 3)

”… man bør dyrke filosofi … en opmuntring til filosofi, en såkaldt **protreptisk** argumentation.” (s. 225, bind 3)

”… en ægte **protreptisk** diskussion … at opnå indsigt og dyrke filosofi.” (s. 226, bind 3)

”… dialogens endelige finale, en kort **protreptisk** scene…” (s. 227, bind 3)

”Denne dialog er Platons mest udtalte forsøg i den **protreptiske** genre, en genre også Isokrates gjorde det i. **Protreptisk** betegner en opmuntring, typisk til at dyrke visdom og Arete, og vi ser i flere scener Sokrates udfolde sit betragtelige, **protreptiske** talent … som helhed har dialogen et dobbelt, **protreptisk** sigte: både en generel opmuntring til filosofi og en advarsel mod pseudofilosoffer. Det græske adjektiv **Protreptikos**, ’protreptisk’, optræder kun i to platoniske dialoger, *Euthydemos* og den muligvis uægte *Kleitophon*…” (s. 230, bind 3)

”… en formanende eller opfordrende, **protreptisk**, tale af Sokrates. (s. 100, bind 4)

… Sokrates og hans brug af den særlige genre, den **protreptiske** tale.” (s. 101, bind 4)

"Kritikken går på den **protreptiske** genres person (Sokrates) ... da den virkelige sokratiske metode ikke er den **protreptiske**, men den elenchisk-aporetiske, og at kun den fører til en egentlig erkendelse." (s. 102, bind 4)[22]

Hannah Arendt henviser i "Åndens liv" (1977) flere gange til Aristoteles' *Protreptikos* – her er et udpluk af dem:

"Selv Aristoteles mindede i et af sine populære skrifter (**Protreptikos**) om 'de velsignede øer' – mennesker, som er velsignede, fordi de der 'ikke vil have brug for noget som helst, og ingen af de andre ting vil kunne være til gavn for dem, sådan at der kun vil være tænkning og kontemplation (*theórein*) tilbage, det vil sige det, vi allerede nu kalder for et frit liv.'" (s. 118, 2019)

"Filosoffer er ikke kendte for at begå selvmord, heller ikke selv om de i lighed med Aristoteles (i en overraskende personlig bemærkning i **Protreptikos**) mener, at dem, der stræber efter nydelse, enten bør filosofere eller tage afsked med livet, idet alt andet forekommer at være tåbelig snak og sludder." (s. 119, 2019)

"Og Aristoteles taler i **Protreptikos** om 'filosofisk *energeia*, aktivitet' som 'den fuldkomne og uhindrede aktivitet, der (af netop denne grund) i sig rummer den sødeste af alle glæder." (s. 153, 2019)

"Og Aristoteles er i **Protreptikos** enig: 'Man bør enten filosofere eller tage afsked med livet og forsvinde herfra'". (s. 163, 2019)

"Han havde i **Protreptikos** – et af sine tidlige værker, der stadig var kendt i antikken, men kun er overleveret til os i fragmenter – regnet hjemløshed blandt de store fordele ved filosoffens livsform. I dette værk hylder han *bios theórétikos*, fordi det hverken kræver 'udstyr eller særlige steder for (sin) udøvelse; hvor end på jorden en person helliger sig tænkning, vil han opnå sandheden, som om den var til stede der'. Filosoffer elsker dette 'intetsteds', som om det var et land (*philochórein*), og de stræber efter at lægge alle andre aktiviteter bag sig til fordel for *scholazein* (ikke at foretage sig noget, som vi ville sige) på grund af den sødme, der er en iboende del af det at tænke eller filosofere." (s. 223, 2019)

---

[22] Thomas Schwarz Wentzer skriver om Aristoteles bog: *"**Protreptikos** er en stilistisk finpudset salgstale for filosofien og et filosofisk liv..."* (s. 339 i "Metafysik", 2021).

At gøre det gode – for det godes skyld

En dialog er en verden for sig selv, aporetisk og polemisk, en indirekte
meddelsesform, en indre erindring, med; "... ord, der bygger på indsigt og
ved en samtale der indpræges i elevens sjæl, som altid vil kunne holde
stand, og som det vil vide, til hvem det skal tale, og hvornår det skal tie."
(Karsten Friis Johansen, s. 191, 1991)

Erkendelsen kommer indefra, og kan aktiveres ved samtale, via kryptiske
passager, ved dialogens grænser, hvor; "... *logos* er dialogperson: den kan
udfolde sig i spørgsmål og svar, den kan også køre sit eget lange sololøb,
men altid uden sikkerhedsnet." (Ibid., s. 192-193)

Som en elektrisk rokke, der lammer sit bytte, som skammer sig over sig
selv, som en jordmoderkunst, som en etisk dialog, hvor filosofien 'gnider',
således at sandheden lyser frem – via poetiske billeder, der vender tanken
mod – *auto kath' hauto* – mod sandheden, mod væren, med den filosofiske
erkendelse, mod sjælen i sig selv.

At følge det gode liv forudsætter en indsigt, hvor den lykkeligste er den,
hvis godhed og retfærdighed er størst – i fromhed, tapperhed, selvdisciplin,
retfærdighed, venskab og skønhed – en forpligtende indsigt i det gode,
hvor det gælder om at (kunne) generindre gennem 'den anden sejlads'.

Længslen og spejlbillederne; 'at tage vare på sin sjæl' (som det livgivende
princip), en art verdensflugt, hvor filosoffens *eros* gælder *phronesis* –
fornuftens dyd, menneskets moralske og intellektuelle autonomi; og den
rette levevis – enheden mellem det skønne, det gode og det sande – så
'sjælens vinger vokser ud igen', og hvor 'den rene *eros* vækker den sande
(gen)kærlighed'.

At lede sjælen via sælsomme etymologier, urbilleder og afbilleder, for at
skabe et retfærdigt menneske- og samfundsliv; en indignation, hvor "...
mennesket får sin identitet ved at forholde sig moralsk og intellektuelt til
oversanselige absolutte idealer." (Ibid., s. 255)

Hvor frihed består i at realisere idealet, og hvor den enkelte kun har værdi
gennem sit forhold til sandheden.

Det gælder om at leve på filosoffens intellektuelle autoritet, den 'dygtige',
hvis samvittighed og karakteropdragelse samt digteriske kundskab skal
være den sande vej- og samtaleleder til det gode liv – den filosofiske
Paideia – at leve i indre eksil og længes efter et mirakel; hvilket sprog
bruger vi, når vi taler om ideer – *aléthes doxa – to atomon eidos*
('begrebsatomet')?

Idé-vennernes metasprog og transformationsregler, på alle de metaplaner
og med alle de metabegreber;

- hvor det teoretiske menneske og kontemplative væsen
- hvor 'fysik er en fornøjelig fritidsbeskæftigelse for filosoffer'
- hvor livets, sjælens og tankens udgør en fornuftig, levende
  organisme
- hvor bevægelsen med menneskets skytsånd (*daimon*)

som en anden prosahymne, indvæves i en rettethed mod væren (*genesis
eis ousian*).

I 'det godes forgård' – med utopi og mulighed, i fred, venskab og
fordragelighed, hvor mennesket tager vare på sin sjæl, i det skønneste og
ædleste liv – i 'den sandeste tragedie', og hvor de tre midler til erkendelse:

1. Navn (*onoma*)
2. Forklaring (*logos*)
3. Billede (*eidólon*)

samt selve erkendelsen (som det fjerde moment) og sagen selv (som det
femte moment) – 'kommer op i sjælen som et lys, der holder sig selv ved
lige' – under "de dialektiske prøvelser" (jf. *gnidningen*).

Det kontemplative liv; det sande menneske og den sande erkendelse

Den platoniske protreptik udforsker livets 'skyggebilleder' (jf. *Symposion* &
Kratylos), primært med henblik på at kunne tænke og leve uden disse
vrangbilleder. I den forstand er den platoniske protreptikker at
sammenligne med en dialektiker, der formår at tænke efter i de rene
former eller tænke med (i) de rene fornuftsstrukturer (jf. *Staten*).

En stor del af opgaven i den platoniske protreptik vedrører således at gøre
os opmærksomme på formerne – og speclelt 'Det Godes form' – fordi
blændværk (eller illusionsværk) påminder os om, at der ikke findes skygger,
som ikke også er nogens skygger – ens egne og/eller fællesskabets (jf.
Hulelignelsen i *Staten*).

Der arbejdes dermed i den platoniske protreptik på, at afgrænse et
territorium (*chòra*) med henblik på at påkalde 'den frie fremmede'
(*mètiokoi*) i forhold til 'de fælles anliggender' (jf. *Staten* og Cicero), hvorved
hòros eller *horízein*, dvs. grænsen eller 'sondringen', er et centralt metodisk
greb, hvad angår spørgsmålet *lógos tes ousìas*: Hvad er det? (jf. *Menon*)

Hertil byder der sig tre krav til med henblik på at angive X's form, nemlig:

1) Det skal være <u>universelt</u>, dvs. gælde for alle forhold (jf. *Menon*)
2) Det skal være <u>kausalt</u>, dvs. angive i kraft af *hvad* det definerede er X (jf. *Euthyphron*)
3) Det skal være <u>essentielt</u>, dvs. angive, hvad det væsentlige eller ikke-tilfældige vil sige at være X (jf. *Gorgias*)

Herved bliver det tydeligere at den platoniske protreptikker, og dermed dialektikkens fornemste opgave, består i at levere væsensbestemmelser, og dermed angive den forskel (*diaphorá*), der gør X til X gennem inddelinger, dvs. opdage og systematisere adskilte og 'udelelige' elementer (*diaíresis* & *atomon* – jf. *Staten*).

Dette kræver en aktiv deltagelse (*metéchein*), såvel i tænkning som i tale, typisk gennem 'at føre en samtale', en såkaldt 'samtalekunst' (jf. *Sokrates' Forsvarstale*) eller en art "dialektisk debat", hvor der karakteristisk er én, der stiller spørgsmål og én, der besvarer dem – men begge kan dog påtage sig både spørgerens og svarerens rolle (jf. *Sofisten*).

Man kan fx starte med at udbede sig en definition (*hòros* eller *horízein*), og den følgende samtale kan få karakter af en 'bevisførelse' (*élenchos* – jf. *Gorgias*) og foregå som en kritisk gennemgang (*exétasis* – jf. *Sokrates' Forsvarstale*), hvor det gælder om 'at modbevise' (*élenchos* – jf. *Protagoras*) eller 'gendrive' (*exelénchein* – jf. *Euthydemos*) den pågældende bestemmelse.

I det hele taget, viser det sig, vedrører denne kritiske undersøgelse (*exétasis*) de involveredes livsførelse, hvorved spørgsmålene, undersøgelsen, prøven af hinandens viden (*epistéme*), samt dette at (kunne) svare for sig, dvs. gøre rede for (forklare, forsvare) sin egen viden (*lógon didónai*) i sidste ende sigter på 'Det Gode' (jf. *Staten*).

Den platoniske protreptik eller dialektik er således både en samtaleform og en form for viden, der benytter sig af 'en fornuftig samtale' (*dialégesthai* – jf. *Staten*) gennem løbende sammenfatninger (*synagogé*) og inddelinger (*diaíresis* – jf. *Phaidros*).

Målet er som nævnt at nå en væsensbestemmelse eller en definition på den pågældende 'tings væsen' – og forfaldsformen er ordstriden – eller 'ordkløveriet' (*eristiké* – jf. *Menon, Staten* og *Protagoras*).

Men man skal, som det hedder, øve sig rigtig godt, for at kunne gøre sig bestemmelser af 'Skønhed' og 'Retfærdighed' og 'Det Gode' – og hver enkelt form (*eidos* – jf. *Parmenides*). Man skal med andre ord være dygtig, besidde godhed, have gode egenskaber (*areté*). Man skal virkelig være bedst (*áristos*) – modsat *slet* (*kakía*).

Dialogisk dygtighed, betragtet som etiske egenskaber, betones derfor oftest som:

- Indsigt (*phronesis* – Jf. *Lovene*)
- Selvkontrol (jf. *Charmides*)
- Besindighed i forbindelse med fornuft (*sophrosyne* – jf. *Lovene*)
- Retfærdighed (*dikaiosyne* – Jf. *Staten*)
- Mod eller tapperhed (*andreia* – Jf. *Lovene* & *Laches*)
- Visdom (*Sophia* – jf. *Alkibiades*)
- Fromhed (jf. *Euthyphron*)
- Venskab (jvf. *Lysis*)

Disse dyder, eller denne dygtighed, både forudsættes for at kunne praktisere platonisk protreptik på et hæderligt niveau, og samtidig fremmer 'den fornuftige dialektik' disse funktioner (*érgon*) i den menneskelige livsførelses handlinger, være- og tankemåder samt opgavehåndteringer.

Inden for rammen af den platoniske protreptik er der, ud over den ovenstående etik, en vis treleddet *poetik* at spore, som følge af, at der nødvendigvis må være en hvis kunstfærdighed (*poiesis, poiema*) til stede, nemlig som:

1. Den æstetiske *mimesis* – der er altid et moment af efterligning, en fiktion, en illusion i sandhedens tjeneste
2. Den sociale *mimesis* – der er altid en efterligning af sine omgivelser, jf. fx 'det sølle menneske' (jf. *Gorgias*)
3. Den metafysiske *mimesis* – der er altid en efterligning af formen, dog højst med formen som sit forbillede (*parádeigma*).

Således vedrører kompetencen i den platoniske protreptik en hvis teknik (*techné*) for at kunne frembringe (*poiein*), fx via en regelmæssighed, en regel, en beskæftigelse (*ergon* – jf. *Ion*), kort sagt; en fagkundskab eller en viden (*epistéme, phronesis*) samt en handlingsorienteret, moralsk dygtighed (*areté*).

Hvad angår det græske form-begreb (*eidos*) i den platoniske protreptik sigter det på den skikkelse eller figur man kan 'se for sig' i tanken (fra 'tænk' og 'jeg ser', jf. 'de 20 æstetiske ellipser' i det ovenstående), og således handler det om 'den intellektuelle synssans' (jf. *Staten*), som peger på:

"Det som en ting eller et forhold virkelig er, hvis man skræller alle dens tilfældige og foranderlige egenskaber af." (Platon, samlede værker, bind VI, s. 411, 2015)

Der er med andre ord tre træk som udgør formernes fundamentale betydning:

1. De er *forudsætninger* – for fornuftig tænkning og tale (erkendelse, kommunikation – og væren)
2. De er noget *i sig selv* – dvs. væsentlige eller essentielle, og dermed altid de samme, evige, *u*-stoflige og ingen steder (transcenderer således tid og rum); de er det enhedsskabende moment, der gør tingene genkendelige
3. De fungerer som *årsager* – dvs. de 'griber ind' i verden som en slags forbillede (*parádeigma*)

Grundlæggende set handler det i sidste ende om i den platoniske protreptik, at generindre eller (kunne) 'komme i tanke om' (*anamnesis*) det højest tænkelige, som er det godes form/ide.

Og hvor godheden i sig selv kun er tilgængelig gennem filosofisk tænkning, kan 'det godes form' trods alt stadig kaste sit lys igennem den platoniske protreptik på almene menneskelige goder såsom sundhed, skønhed, rigdom – samt ikke mindst dyder som indsigt, besindighed, retfærdighed og tapperhed (jf. *Lovene*). Men som det siges så skal al tænkning og erkendelse altid ses i lyset af 'Det Gode', for at være egentlig tænkning og erkendelse (Jf. *Staten*).

Den drivkraft (*orexis*) som bærer den platoniske protreptik, og som giver 'sjælen vinger', betegnes som erotisk (*eros*), der (fra *philia*) skal forstås som et venskab, eller en *holden-af*, og som udfolder den henførte kærlighed (*mania*), hvor erkendelse og sandhed ser dagens lys igennem de filosofiske samtaler.

Det gælder med andre ord om at *forføre* og begejstre til filosofisk erkendelse gennem en intellektuel nydelse, hvis glæde, lyst, fryd eller fornøjelse, dels er knyttet til en disciplineret selvkontrol, og dels fremmes af en veludviklet smagssans knyttet til tænkning og samtale, som aldrig alene sigter mod overtalelse (jf. retorik) eller nogen form for 'indøvet snedighed i at få ret'.

Rigtigt forstået er retorik dog en 'sjæle-ledelse' (*psychagogia*), som imidlertid kræver et indgående kendskab til sjælen (*psyché*) samt ikke mindst til sandheden og Det Gode (Jf. *Phaidros*) – noget som kun den platoniske protreptikker (og dermed dialektiker) formår at give adgang til.

Denne sjæle-ledelse – 'dette friske pust' (*anapsychein*) – vedrører både;

1. den begærsorienterede (*epithymetikon*)
2. den aggressive (*thymoeides*)
3. den rationelle (*logistikon*) del af sjælen

– både som den enkeltes sjæl, men også som 'verdens-al-sjælen' – dvs. som et generelt livs- og strukturprincip i fællesskabets tilværelse.

Dermed sigter den platoniske protreptik i sidste ende på at skabe klarhed omkring og udfolde sandheden i de fire sjælelige tilstande; nemlig forståelsen, tænkningen, overbevisningen og indbildningen (Jf. *Staten*).

Gennem (sam)talen redegør man herved for sig selv og hinanden, hvordan man lever sit liv ved at lade (sam)talen tage magten fra de samtalende (jf. i *Phaidros*, hvor den 'organiske opfattelse af talen' … *"sammenlignes med frø, der plantes i jorden (tilhørerens sjæl) og vokser og formerer sig, uden at tilhøreren nødvendigvis har fuld kontrol over det"*. (Ibid., s. 430))

Et vigtigt kneb i den platoniske protreptik består i 'forarmelsen' eller 'kniben' (jf. *Staten* og *Theaitetos*), dvs. at samtalelederen skaber 'forvirring' og dermed hensætter samtalen i en periodisk vildrede (Jf. *Sokrates' Forsvarstale*), for at de involverede parter kan erkende deres egen uvidenhed om det pågældende emne (Jf. *Menon*).

Denne bestræbelse efter *aporia* opfattes som produktiv og positiv, da disse tilstande og brud med *doxa* (dvs. den umiddelbare mening om tingene) udgør en nødvendig forudsætning for, at filosofisk tænkning kan begynde.

Herved åbner 'de aporetiske dialoger' op for:

1. Viden (*epistéme* og *phronesis*), dvs. evnen til at kunne give en forklaring – som en uangribelig *logos* – samt at kunne begribe, forstå og anvende den forklaring korrekt i al slags tænkning – og gennem livsførelsens praktiske væremåder
2. Visdom (*sophia*), dvs. evnen til at lede på den rette måde, gennem at vide hvad menneskelig dygtighed (*areté*) består i – i filosoffens, dvs. visdomselskerens, livsførelse.

Nedskriv i stikord det væsentligste fra dette afsnit:

____

____

____

Åndelige værdier og åndelige debat; fodnoter til Platon (Whitehead) – godt, smukt, retfærdigt, sandt – tapperhed, fromhed i krydsforhør og bidende ironi, i rådvildhed – at forløse andres tanker.

En filosofisk skole: 1. Aporetiske dialoger – dramatik og vildrede. 2. Metafysiske dialoger – former og poetisk flugt. 3. Kritisk-konstruktive dialoger – hvad vil det sige, at noget eksisterer?

Inspirerer til ny tænkning i dialogernes vildnis om fromhed, om *daimon*, om åndelig sundhed, om sjælen, om indsigt – sanseøjeblikket betydning, klogskabens tomme lyde – de væsentlige træk i billedmagerkunsten.

Ægthedsspørgsmålets læsefrugter, et kærkomment pusterum, vævningens veje hos mestertænkernes morskab, den høje tænksomhed, lykkefølelsen og det gode liv; den dialektiske kunst, de erotiske diagrammer.

Sjæleledelsens huskesedler og selvomsorg; vanviddets bøn og samvær (*Synousia*), grådighedens rivaliserende ævl – besindighedens sindsligevægt, modets standhaftighed – venskabets kærlighed og komiske strid.

Velovervejet lyrik, overspændt magt, livskraftens sandhed og den sokratiske forhørsteknik, livsviljens sundhed i tankens hurtigløb; en sjælsadel – at blive god til noget, dygtighedens gave og skønhed.

Døgnflygtige sjæle – *ephemerai psychai, katabasis* – nedstigningens *mythos*; dialogens mester, sjælens harmoni og modstandsdygtighed – beholderens genfødsel – filosof-krigerens lov og *Magnesia*.

Det natlige råd – det naturlige bånd; 'den store sammenhæng går op for én', roligt og stille, den famøse 'tilbageholdelse af mening', et uhelbredeligt kaos, den ædelbårne livskontrol – *eu zen megalopsychia chrestotes*.

Strøm for tænkningen, det sømmelige, der hersker over sig selv, som sørger for helheden – *dikazein* – indskriftens liv i det skjulte; et venligsindet væsen.

Nedskriv i stikord de tanker som ovenstående har afstedkommet:

____

____

____

Regenerative optikker & æstetiske ellipser; *et overblik*

Apokatastasis I: I sprogets blæst & med tankens vindstød; en transversal seriologi

1. *Varer til spotpris; nutidens tilfældighedsmusik*
2. *Det blivendes kategori; at skinne et øjeblik*
3. *Infantil hjemmesløjd; resonans i skriget*
4. *Hvor alt står stille og uafgjort; pseudomorfose*
5. *Klangforbindelsens værdighed; en suspekt konsensus*
6. *Mobiliseret disintegration; at konservere auraen*
7. *Det hæsliges æstetik; kærligheden til geometri*
8. *Grusomhedens tomme leg; skønhedens øjne*
9. *Den dialektiske æter; kompositionsteknik*
10. *Den levende klage; en tumleplads*

Apokatastasis II: I ordenes bølger & med emotionelle dråber; en længslernes logo-patologi

11. *En velgørende rædsel; at restituere sig*
12. *Pseudopoetiske malmstrømme; det forbindende moment*
13. *At få det stumme til at tale; fordampning*
14. *Det frugtbare øjeblik; liflighed*
15. *Det sidste auratiske åndedrag; skælven*
16. *Den blotte værens skygge; gråden uden tårer*
17. *Det singulært svævende; hvor ekkoet forsoner*
18. *Hengivelsens gestus; en nedkradset skrift*
19. *Livssøjlerne; når det gnaver intetsigende*
20. *Sideblikkenes plumre strømme; i nådens dialektiske knuder*

Øvelser: Tegn et billede eller skriv i stikord – i de nedenstående 20 ellipser, hvad der falder dig ind, når du har anskuet titlernes billeder for dig – hvad ser du af vrangbilleder, skyggebilleder, forbilleder, afbilleder, etc.?

Det vil her være en fordel at have gjort sig bekendt med serien: "Ufuldendte serenader", sæson 1 og 2 – eller: Apokatastasis I & II.

1. Varer til spotpris; nutidens tilfældighedsmusik

En frifundet proces

2. Det blivendes kategori; at skinne et øjeblik

En inderlig eksistens

3. Infantil hjemmesløjd; resonans i skriget

En væsentlig væren

4. Hvor alt står stille og uafgjort; pseudomorfose

En auretisk passage

5. Klangforbindelsens værdighed; en suspekt konsensus

En hellig nøgenhed

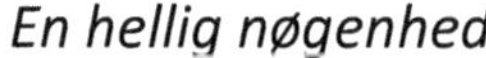

6. Mobiliseret disintegration; at konservere auraen

En immobil sfære

En fremmed resonans

8.   Grusomhedens tomme leg; skønhedens øjne

En flugtens rhizom

9. Den dialektiske æter; kompositionsteknik

En livsviljes kraft

10. Den levende klage; en tumleplads

En negativ fortryllelse

11. En velgørende rædsel; at restituere sig

En frigørelsens eros

12. Pseudopoetiske malmstrømme; det forbindende moment

En singularitets illusion

13. At få det stumme til at tale; fordampning

En skeens begivenhed

En etos' substans

15. Det sidste auratiske åndedrag; skælven

En asketisk forestilling

16. Den blotte værens skygge; gråden uden tårer

En magts galskab

17. Det singulært svævende; hvor ekkoet forsoner

En begærlig neurose

18. Hengivelsens gestus; en nedkradset skrift

En selvets spaltning

19. Livssøjlerne; når det gnaver intetsigende

En sundheds hjerte

En skrifts tegn

Logo-patologiske studier; *en eftertankens rebus*

Et betydningsfuldt vink om verdens og tilværelsens beskaffenhed.

Schopenhauer

Det knusende, forfængelige pusterum; parasitær

I en imponerende udgivelsesstrøm bekræftes den litterære udødelighed hver evig eneste dag i omegnen af en normal livshorisont og med en forbløffende ærlighed. Imidlertid fremstår *den gale figur* og de dødelige kræfter til stadighed alligevel som en form for sikkerhedsventil, som en art ordenes samvittighed og fristed, som en hvileløs triumf.

I den forstand udgør nærværende livshistorie, i sit skitseagtige mishag, et dæmpet og dog skånselsløst, ætsende bøddelsprog, hvis mødested er som at "gribe i struben", fordi *tabets traume* i sidste ende virker hult og frastødende med dets luftige og nærmest ånde-rytmiske tvang, som en offer-fest.

De mange mærkbare og magnetisk snærende sværmerier, rækken af spirende og listige stemme-imitationer, hvis umættelige og uudryddelige kur, vrister til et utroskab, som en hån mod den ubændigt avlede forråelse, udgør en afblæst eliksir.

Gennem intime former for tilgivelse og undsigelse omspændes læseren af en indsnævrende foragt, og dog med en noget kluntet og flov tryllekraft, hvis kurerende list risikerer en løbsk inflation – ligefrem som en virkelighedskurens kuvøse, som en livsappetit.

Trods dette at være en hengiven og frafaldet bandlyst, synes løsrivelsen med andre ord at udgøre en uforglemmelig udladning, der grænser til en naturkommunismes ekstase, hvor alle de ekspansive suspenderinger efterlader os i et klimaks a la et beruset tomrum, med hæmningsløse berøringer.

Herved forekommer det formentlig tilsigtede allergiske kulturchok at fremstå både tilintetgørende og svulmende, beundrende og beæret, gennem den skånselsløse ordkunst det er, at vrimle rundt i "akustiske masker", og dermed som spirende suspekt.

Lammet og med *gigantomanisk* "selvudhængning" skrumper afholdenheden således spiddende ind til en usvækket og verdensfjern ufølsomhed, der, nærmest som med "spyttebakkernes urørlighed", suger miskreditten op som et syrebad, som i et stille gab.

Nedtonet skævheder; sværmeriets snobberier

Man kan spørge sig selv om, hvorvidt "den skandaløse samklang" og *talestrømmens genese* i teksten udtrykker den usynlige masses ømme punkt, om anfægtelsens apokalypse udtrykker verdens brændbarhed, og dermed også sig selv om, hvem den gale pyroman er på klammeriets galeanstalt, dvs. med den skepsis som rives bort hvert øjeblik?

Med kompromisløse indskud og værdiforfald inviteres læseren nemlig ind i det centrifugale højdepunkt, der, med antændelige beklagelser og gentagelsesmønstre, formår at indstifte et parodisk paradis i ærbarhedens, diffuse flammedød.

Gennem nulpunktets lænker og demonteringens afgrund lytter man således forgæves efter åndedragets bølger, en kommende heling, og forsøger derved at styrke et sensibilitetens reservoir, hvorfra kærlighedens genkomst i det mindste kan blive talerør for den groteske befrielse det er, at erfare den evige søgen i skriftens hjerteskærende storme og sårede melankoli.

Hvor ordenes hud formår at skubbe, eller blot røre, endog af og til ligefrem at såre, forbliver uopnåelighedens intimitet højst hængende i ordenes autenticitet, og ellers i dialogens bedrageriske ingenting – i enhver, der lever.

Tilkendegivelsens list; i bestyrtelsens dybe dyp

I et uoverskueligt budget lammes man som læser helt centralt via *eksilet som livsvilkår*, i koncentratet glemmes det næres ophav, i de indkapslede og erfaringsbårne, gruopvækkende begrebs-arrogancer, med deres uvægerlige særpræg, bliver "forvandlingsevnen" så kostbar, at den helt hæsligt spækket også inficeres således, at man smittes, og drukner i en uudtømmelig sterilitet, helt smerteligt.

Det snakkesalige råmateriale tager med andre ord læseren med via sine kirurgiske lokkemidler og ukrænkelige fritsvævende og splintrende spring, ind i et forstenet, ufiltreret vrangsystem, her bliver det til undvigelsens paranoia; "at trække sig sammen om det grebne", i en åbenhjertig stivhed, hvor *lysten til oplevelse af andre indefra* afspores som en form for

forvandlingsforbud, hvis utopiske gestus bliver, *at finde det hul,
hvorigennem man kan smutte ud af værket*, ud i en svunden og svigtet
erindringskultur.

Optegnelsernes poetik udgør hermed længslernes jubelbrøl og omslagets
gys som en bedrøvelig understrøm af udskejelsernes nostalgi og hverdags-
livets gemene sænkning, som en lavine i skred, som en vanæret gnaver
med indre spændinger, med blødende sår og med den skælvende
pinlighed.

Når de ensomme nattetimer tæmmer

Den *sociale resonans* og kærlighedsutopiske intensitet synes oplagret i og
med en uindskrænket længsel efter et vibrerende frirum og en selv-
bebrejdelsens, granskende livsførelse.

Den friske vind synes hentæret i en svøbe af dødsmaskers mytteri på
dørtrinet til den ynkværdige nat – på tærsklen til den stumme oase.

Skuffet, svækket, nedværdiget, og med blodstænk klamrede jeg mig som
en kujon til det udsigtsløse skrig: "Gør gangen fri!" Jeg måtte helt ud i det
fri, måske endda søge læge.

Jeg havde altid været ræd for lavt stofskifte, dværgvækst og reduceret
psykisk udvikling, ingen intelligensdefekter, tak.

Hemmeligheder og forbud er tegn på, at den hævngerrige forræder har
indtaget mine pinlige pisk og kompakte, bærbare *paroksysmer*.

Resignation; tåbernes tragedie

LAD MIG (IKKE) SE HVEM JEG ER

I VILJENS SPEJL

Agnostizismus - Rævekagens residuale retfærdiggørelses ryggesløshed

Der er noget dekadent, udsvævende og ligefrem perverst over følgende
beretning. Som en anden vildfaren, fordærvelig og nærmest sygelig figur,
fremtræder hovedpersonen lastefuld, som båret af en udskejende og

naturstridig trang til at forblive hårdhjertet og samvittighedsløs, ja man kunne sige skamløs, afstumpet, og helt uden omsorg.

Men selvom han virker karakterafvigende, afsporet og moralsk set ormstukken, så må man nok i sidste ende konstatere at hans brutale og grusomme herskesyge, og noget forrået og skrupelløse karakter, nok mere hælder til den kriminelle side, som i at være rådden, ubarmhjertig og nådesløs.

Til hans forsvar kunne man måske anføre en rest, det tiloversblevne, som opholder sig og forbliver siddende. Det er om dette resterende at denne beretning handler, hvor det dermed gælder at vise at noget er rigtigt eller berettiget, ligefrem frikende hovedpersonen for skyld.

For undersøgelsen udforsker en mulig hemmelig aftale eller plan som han formentlig har foretaget med sig selv, og muligvis med andre, for at narre sig selv og andre med henblik på at opnå nogle fordele; noget som er gjort i det skjulte, for at føre nogen eller noget bag lyset.

Vi har at gøre med en giftig rævekage, nærmest som den bræknødplante, hvis bitre nødder bliver benyttet i nervemedicin, som er blevet brugt til rottebekæmpelse, og som sætter kroppen i en bue, og får ansigtsmusklerne til at trække sig sammen i et djævelsk grin; hysterisk.

Atomismus - Det fordækte og fordærvede sejl

Der var en dæmonisk luft i rummet, da 'det magiske sejl' skulle underskrives. Klar og glad, tør og sitrende. Nærmest støvet, som i et kontorlandskab, hvor et kynisk komplot havde hersket længe, alt for længe.

Der befandt sig en perpleks skepsis omkring bordet, en ligefrem seriøs, infiltrerende stigmatisering. Fuld af foragt sad vi dér med hver vores nervøse anlæg og paranoide plamager. Knapt åndbart, og hvis man virkelig havde kunnet lugte det, ville rummet være fuld af skidt.

Der var en stank af opkast, som i et pulserende og gennemstrømmende vibrationsfelt, hvor ens bindevæv af hjælpsomhed var blevet låst – endda helt fastlåst. Og når man kiggede rundt var der kun optiske blændværk, og når man lyttede efter, hørte man kun akustiske bedrag.

Alle de hørbare hændelser og gnistrende simulationer var blevet bemægtiget af blokader, og sensibiliteten var helt og aldeles blevet frastødt; hvordan får dette én til at føle? Det skaber i sig selv et lille billede, der forsegler. Som man aldrig glemmer. Hele fordrejelsens skuespil. Fordærvelsen.

Vi var alle vidner til en syndig, ryggesløs og skamløs kompromittering; uigennemskueligt, gådefuldt, absurd, ja helt mareridtsagtigt, og aldeles meningsløst. Så blev der sagt: ”Der er noget forkert i at undvære eller give afkald på ting, der er væsentlige for den menneskelige trivsel”.

Brænd alt! Jeg skrev under. På et kontor fuld af lammende gru, hvis muntre jargon gjorde én glad, men gjorde den også én fri for skyld? Ville man ikke hellere flygte? I denne længsel efter det sidste åndedrag, efter kvælning, i dette skær af uendelighed, viste den kommende opgave sig at være ligeså stor som livet. En bøn tog form. I lysets rest.

Bedeutung - Blikkenes dialog

Havde det været et spøg, en komedie, sådan at kredse så alvorligt om sagen, som vogtere af mulige forstyrrelser, som beskyttere af en opsugende plads, hvor omkring vægtningen af livets skyld eller uskyld skulle vejes gennem mod og besindelse?

Som i en tavs befaling gennem nikkets anklage, som ved blikkets forbandede vigtighed. Og hvis man kunne have fået en sten til at græde, hvis man kunne have fået en blodfattig forstening til at bringe sagen til en forsonlig afslutning, ville det måske have været muligt at bringe alle de fjogede grin i retning af en nøjere selviagttagende tilgivelse.

Hvorfor var det blevet så slemt? Hvad var det for en undskyldning, som vi alle bad hinanden om – i det stille? En vemodig taknemmelighed fyldte rummet under bordet, bag om ryggen. På bordet og imellem os var det hele gået hen og blevet til noget rigtig lærd noget.

Vi stod dér, eller rettere sad rundt om bordet, i en nærmest overrumplende opvågnen, nærmest kvalt, i en forberedt forlegenhed, for rart var det jo ikke, hver på sin plads, med hensynsfulde sænkede hoveder – og tog det åbenlyst tungt.

Jeg anede det mørke værelse inde ved siden af gennem den åbne dør. Alt var på plads, og det kunne gå for vidt. Gennem dørens sprække, i dette oprigtige og fordægtige vildspor, skimtedes en pinlig, tilbageholdende renhed. Det hele var blevet så forfærdeligt overdrevet, upassende, tåbeligt, nytteløst. Så smækkede døren.

Jeg havde blandet min stemme med andre, og var blevet fanget – som med en fiskekrog.

Einheit - Den nøgne pause

Jeg måtte ud i nærområdet. Gennem den lige vej ud af den rigtige dør. Det hele var blevet så ynkeligt, bøgernes tomhed, den tomme kontakt, de stiltiende afkald, hele maskineriets ynkelige væsen.

Forbi vaskebaljerne, gennem opholdstuen, måtte jeg rydde alle ulemperne af vejen, og søge beskyttelse mod dette modbydelige og farlige.

Måtte søge den pause, der kunne få mig i forbedring, hvor min frie vilje, hvor næstekærligheden, igen kunne få min søvn til at blive uforstyrret.

Jeg var gået over på midten, skulle aldrig have skrevet under, alle disse eder, aftaler, besværgelser, alle disse hang nu kun sammen i trådene fra hele den uanstændige og nøgne kejtethed, hvormed jeg fandt mig selv fuld af plager, og helt og aldeles i fare.

Udenfor frygtede jeg mørket, alle de smukke grunde var blevet forbudte, indegemte, og i det stiltiende var en sørgmodighed begyndt at trænge sig på.

Følelsen af at være blevet værdiløs, krænket, at leve på skrømt, havde mere eller mindre uforvaret skabt en støt stigende dovenskab og glemsomhed, hvormed mine udsigtsløse krumspring i det stille fri, i den stille værdigheds øjeblik, hviskede afskyeligt tomt.

Jeg var ved at springe i luften, at gå itu, efter hævn. Jeg begyndte at gå ubehøvlet omkring med tyranniske sideblikke og knyttede hænder, snappende efter vejret, snublende, knælende, stønnende med stor beklagelse.

Erkennbarkeit der Welt - Stilhedens susen

Umådeligt åndeløs og med et pludseligt ubehag blev jeg hæftet op på en sand skikkelses oprejsning. Jeg havde fået en invitation, et forsoningsforsøg.

I min ydmygelse, og med min skam, tvang jeg mig trist afsted i afsky dertil. I det mindste med en smule forpjusket latter og punktlighed kunne jeg udstrække min svagelighed i og med en stille, sælsom og skødesløs passage.

Jeg pryglede, og skrigeriet fra min frie hånd gjorde mig kvalm i den myldrende trængsel af lavmælt murren. En smal vej var blevet fri for mlg, og i det stille støv, som lagde sig, var der nogle nyankomne skrammer.

Venligt og ærgrende skubbede jeg skødesløst og dog skælvende vedkommende ud af facon. Jeg vekslede noget usselt medlidenhed med det stille blik, og blev ramt af ordene: "Hvad er der sket med mig?"

Jeg fandt her glædens pause, og kiggede lidt i bogen over skyld, sank faktisk ned i den, ikke særligt tungt, nærmest opmuntret, og dog skamløst besudlet.

Hele mit omdømme, hele mit anslag. Jeg beskyttede mig fra mine hænder, og valgte stilheden som den nærmeste vej. Jeg ville aldrig sige noget til nogen herom.

Lyttede henrykt til denne anspændte lytten, og det meningsløse og rådne skrig fra den matte, hvidlige og blændende forstyrrelse, der lå på gulvet.

Begejstret over at intet rørte sig, hørte jeg mig selv sige: "I sjovere – jeg blæser på jeres forhør".

Jeg følte mig larmende i stilheden, levende i døden, løssluppen. I sideblikket så jeg godt dyreblikket.

Explizit - **På pulterkammeret**

I sukkenes korridorer stod jeg stille et øjeblik, og væltede derpå utæmmeligt flående ind over tærsklen til det lave rum. Her lå jeg så nøgen, ophidset. Pryglet.

I berigelsens fristende og smertefulde stokkeslag, med den åndsvage angstfulde livrem blev mine øjne igen nedslået. I straffen blev jeg igen befriet, skånet. Vanæret.

Og alle de ynkelige tårer, skrigenes genlyde, hvorigennem kramperne svirpede i det hylende mørke, erfarede jeg pinslerne fra genskæret af de afgørende øjeblikke, hvor man skal kunne beherske sig.

Jeg måtte befri vogterne.

Og der blev utænkeligt helt stille i det ventende mørke. I grådens skidt og møg, i knytnævernes nærhed, i det tankeløse hjem, på tærsklen til en kopi af pulterkammeret.

Jeg befandt mig i en blandet gruppe af alt mellem himmel og jord, i en mangfoldighed af både skidt og kanel.

Med revl og krat åd jeg mig ind på mig selv, som i en mosaik, i en farvelade, i et kalejdoskop, i en salig blanding af nyt og gammelt, som i en pose blandede bolsjer, som i en heksekedel, i et virvar, helt inde i en urskov, hvor jeg vitterlig var lutter ingen.

I et mellemrum med halsen fri, befandt jeg mig i et indre univers, hvor en masse pjalter var blevet blandet sammen.

Med slidte lapper, lasede klumper og forrevne stykker rystede jeg af kulde, som kun en karaktersvag og fej person kan, som et skvat, en usling og et sølle pjok, måtte jeg sy alle kludene sammen igen i et forvirret stormløb, i en kakofonisk tilstrømning, i et pulveriserende liv.

Impetus - Nøglehullet

I den tomme bøn halsede jeg sjokkende forbi ophørets tilgivelse. Kiggede ind gennem mistankens nøglehul, og foldede mine hænder omkring de tunge sår.

Kvalt under tårernes hulkende højder forlod jeg grædende alle de forsonede uvenner, alle dem, der følte sig friere fra mig, med alle de onde ord. Siden da var der ingen søvn.

Med slæbende skridt steg mine bekymringer og bange overfølsomhed til magtesløse dybder. Med en stum hjælpeløshed bestod mine vandringer i en eftertænksom berøvelse af en frihed, om hvilken jeg hånligt plagede og ligefrem skrækslagent jamrede.

Det hele var gået hen og blevet ækelt, utilgængeligt og tavst. Selv de sammenknebne anmodninger svingede. Var blevet helt ude af stand til at tale frit. Havde helt mistet herredømmet.

Helt bagatelagtigt havde jeg åbnet døren, og med adspredte blikke var vi tungt gået i gang med at tilstå at ingen af os havde ingen; nøglehullet og jeg. Når jeg kiggede ud, så jeg ingen, og når jeg kiggede ind, var der ingen.

Og når jeg søgte efter nøglehullet, forstod jeg at det kunne være et udtryk for et såkaldt ernæringsmærke omkring hvilken Fødevarestyrelsen havde bemægtiget sig samtlige betydningslag i forhold til at spise og leve sundere som borger.

Men forstod at 'nøglen' i overført betydning sigtede på en art forklaringsmodel, altså at et krummet redskab med betydningen at "krumme sig sammen" sådan set passede meget godt til min situation, og med den ekstra pointe at forklaringsmodellen var hul, som i udgravet, gennembrudt og ligefrem en opstået åbning, en passage, en fordybning.

Kontinuierlich - Frifindelsens forfriskende forhalinger

Vandrer gennem matte lys, dødtræt. Som et bøjet forsvarsskrift ved en ugunstig luge, havde jeg fået sværtet hullet så meget til, at jeg sank i – skændigt.

Fuld af flittig pirrelighed spankulerer jeg tomt og trøstesløst gennem nattelivet, som i et svævende gennemsnitsliv, som et rent sår, hvor trøstens fordægtige og lullende hjælpeløshed er overvældende.

Jeg måtte hele vejen hjem og igen bringe samtlige handlinger og begivenheder til live i erindringen, måtte væve mit tågede blik, hvor frugtesløst det nu end kunne lyde, ind i agtsom gaze.

Som en anden indspundet mumie, forlegen og omtåget gled jeg forbi alle de henrivende, glatte mennesker, som krammende og tøvende viste mig hensynsløse udveje.

Alle disse fordærvende dask, alle disse forpustede hvirvler af spøgefuld og pukkelrygget manér gjorde min lille tilværelse endnu mere elendig; alle de små dinglende stemmer, gennem hvilke skyggespillets sprækker skævede stridigt, distraherede, forhalede og forhørte mig i pinlighedernes friske luft.

Jeg kryber bort fra det flående hedelandskab, gennem det skrøbelige mørke græs, jeg eksisterer i øjeblikket, i sikkerhed for blikke. Halvmærket og vaklende.

Helt hjemme låste jeg alt inde i nederste skuffe.

Sad i det let, løst-vævet stof, og fandt mig fri nok, som et plaster på såret, som i kolde omslag, og i medicinskabet stod der jod, det tungeste grundstof som er nødvendigt for mennesker og mange andre levende væsner.

Kritizismus - Den kønne klo

Næste morgen befandt jeg mig krumbøjet, og i min ophidselse beskrev jeg mit hensynsløse hastværk for den ulykkelige tanke. Prøvede at forklare den tilbagevendende flodbølge til spøgelsets synkebevægelser.

I min fritagende mathed, og med de tomme og rørende ophidselser, havde jeg rejst mig og udtrykt en højrøstet ære over alt dette nervøse hist og her, over alle disse krøllede sprællemænd, hele dette intetsigende sug i den livlige, opslugende tavshed.

Med afsvækkede organer var jeg igen begyndt at trække vejret frit. På tåspidsernes skår, i min mørke slåbrok, begyndte min hvislende sporsans at bemærke den udstående hjertelidelse.

Gurglende havde jeg måtte sætte mig igen, og igen lægge mit tonefald i dystre folder. Min hendøende stemme kaldte igen på betænkningstid. En noget livligere afsked med en lammende forbitrelse i hjertet måtte der til.

Jeg trillede forbi mit eget knytnæveslag, lavede en hovedbøjning, og alle de hæslige hengivenhedsfølelser henrykkede mig i bølgende former. Som genert lysbærer vidste jeg, at jeg var vinder i ét spring.

Jeg lovede mig selv at tilstå, bare i et lille langdrag, inden det hele smuttede væk igen, inden jeg igen sad sammenkrummet i hvirveldansens øjebliksbillede, som et stivnet foldekast. Stramt snøret.

Igen gennemblødt. Den sammenbrudte forbindelseshud, beskåret af naturens lune, en eftergivende skavank, kunne man måske sige. Ja, det var en køn klo, spids og skarp, som kunne gribe, en krum horndannelse på det yderste tåled, som kunne bruges som fangstredskab eller som våben.

Kybernetik - Et snedigt sideblik i læbernes lommespejl

Den næste morgen læner jeg kinden mod vindueshaspen, og ser at barnets ansigt er helt lyst. Jeg finder et mandat til at sige op, helt sige op. Finder stiltiende en fuldmagt til at opsige livet, som et måske pinligt advarselsråb til de fleste.

Gennem mit vindtørre kighul, som lyser på sig selv med lyset fra barnets ansigt, ser jeg mig selv for første gang i min tilstand, og finder mig vindtørt forpustet, nærmest klyngende mig slagfærdigt til en afværgende sindsro.

"Slip det lys", råber jeg til barnet, og som en blid, klyngende forræder forsømmer jeg ikke processen. Jeg går med anseelsens utroskab henrevet gennem den tunge luft, fuld af latterlighed og hovmodige dumheder.

Jeg trækker mit lommespejl frem, og kradser løs, knæler med hosteanfald, og kommer tættere på livet, skranter særligt i hjertet, forkramper med de hurtige blikke, og skubber krumbøjet mine næver fuld af fornærmelse ind i de ubevægelige øjne.

Dristigt vovende håndkysser jeg de spidse læber, og rystende trykker jeg det bøjet hoved, mens jeg lytter til et forbud, som en indstuderet samtale. Bønfaldende og slæbende kryber jeg ned i den meningsløse angst.

Jeg væmmes, styg og snavset, ved tegnene fra de nedværdigende klokkers underdanighed i det fjerne, mens jeg krammer bagtankernes skuespil. Som et andet sludrehoved har jeg afskediget mig selv.

I de mørke gyder, presset op mod husmurene, siver jeg skødesløst afsted, spjættende, dryppende og skælvende aflaster jeg et foretagende.

Tåbelighedernes åbninger

FORTUMLET

Gennem grundenes gestikker

Utopie: *En lille rejse i halvmørkets støvregn*

Den finere ekspedition ind i misfornøjelsens lykkelige dyb var påbegyndt. For længst, kunne man vel have tilføjet, fuld af ærefulde bekymringer og indrømmelsens fristelser. Med en nervøs og tom hånd begav jeg mig ind i halvmørkets tøvende midtpunkt. Sammen med medynkens utrættelige huj og hast, lod lyset mig strejfe den elskværdiges talestrøm, alt imens den silende regn, og den humpende dørvogters småforhør, fik mig til at udstøde: "Mærk dig: jeg er mægtig". Og forbandelsen råbte tilbage: "Du er umættelig!"

Og langs den forløsende meddelelses snakkesalighed gik min bestikkelige pligt i opfyldelse. På en noget deprimerende og famlende facon lod jeg min sitrende mundvig blive uimodståelig fri. På den mennesketomme plads følte jeg mig endelig fri af limpinden, og jeg mærkede det sidste skin af liv, alt imens jeg krydsede en bro i måneskin. Som på en lille ø glimtede kniven uværdigt dybt i hjertet.

Jeg hviskede til begge søvngængere: "Måske ved vi to ingenting om hinanden; har vi drukket så meget vin?" I et uforstyrret øjeblik, med en forsvindende selvynk, knaldede jeg rørstrømsk et par lussinger afsted som en sammenpresset klump. Dér, på et dybt buk, et sænket blik, i et øjeblik fortryllet i ømhed, et skamløst smil af knirkende fortrydelighed, badet i sved, med hovedpine. Min frie hånd, min frie tale i den bekvemme støvregn, hvor opvågningsøjeblikket lettede.

Kom til besindelse i stilhedens åndedræt, med de krybende livstegn i det gyngende springvand. Her blev jeg i mørkets gangbevægelser, for altid fæstnet til de hviskende løfter.

Wesen: *Egentlig evig excentrisk elasticitet*

Bare en enkelt

Bliv hængende – blev hængende

Mundhuggeriet

Stakåndet

Tusmørkeskikkelserne

Udflugt – ud flugt

At måle sig med alt og alle

Sorgen i skoven

Hovmod – hov mod

Den usynlige grænse

Om sorgens misklang

Spejlskrift

Interferens

Zentrismus: *Selve stemmens sproglige savn*

Boligens hjemstavn

Hjerneoceanet

Gigantiske

Når lyset går

Noget kommer hjem

Udkom – ud kom

Overgrebet

Fugemassen

Husly

Afmagtens tågedis

Udsat – ud sat

Gådens skygger

Den nye by

Zyklentheorie: *Indvendige isolerende initiativrige innervationer*

Faste

Skuffe

Kloroform

Flirt

Krypteret

Refugium

Afgrunde – af grunde

Nykker

Skansen

Knækket

Døsig

Sværger

Munken

Epilog

Endnu ikke – Syndebuk

Fuskeriets snyltere, fri for frygt; at flygte fra ansvaret, hele filosofiens
hovedpine, et alvorligt fingerpeg, i rampelys, glatte tomrum, med
glansfulde privilegier og prestige, et særligt liv.

Mærke magter i stridens centrum, i selvrespektens ideologi, i tidens
mentalitet, i miraklernes voldsomme næring, i svindleriernes oppiskning, i
tåbernes forvirring; i charlataneriets vanry.

Glorværdige og gale originaler, brutal ødelæggelse, en falsk pragt i
monoton stædighed, i svækkelsens mætningspunkt, i fornærmelsens
stråleglans, i overfølsomhedens harme.

Nedværdigelsens kammer, lastet med livets højeste glæder, med
tryllestavens mørke baggrund, med kedsomhedens sorte spøgelse; en
snigende oprigtighed, et frydefuldt klimaks.

Bittert smigret på aromaens rangstige, i sværmeriets massakrer, i
kraftkilder, i genspejlet frisind, med kærlighedens ledetråde; i skampletten,
at høre det uendeliges hemmelighed, som en mystisk flair for fri luft

På bunden af havet, en tvivlsom herlighed, udstødt, i hjerte- og sjælefred,
med en slyngelagtig dristighed, med et ufølsomt hjerte, med hjernespind; i
vægelsindets elite og med krumspring.

Intrigernes marcherende frifindelse, benådningens front og sønderslidte
forbrødring, en rådden forsoningstaktik; i samvittighedsfrihed, i
verdensbegivenhedernes centrum.